몽골어 표준 교재 A2

몽골어 표준 교재 A2

초판 인쇄 2021년 11월 20일
초판 발행 2021년 11월 27일

지은이 김기선, Ulziibat Dorj
발행인 김인철
총괄·기획 윤성우 Director, University Knowledge Press
편집장 신선호 Executive Knowledge Contents Creator
도서편집 이근영 Contents Creator
디자인 한 지 Designer
우승민 Designer
재무관리 조아라 Managing Creator
전자책·사전 장혜린 Contents Creator
발행처 한국외국어대학교 지식출판콘텐츠원
02450 서울특별시 동대문구 이문로 107
전화 02)2173-2493~7
FAX 02)2173-3363
홈페이지 http://press.hufs.ac.kr
전자우편 press@hufs.ac.kr
출판등록 제6-6호(1969. 4. 30)
인쇄·제본 (주)케이프린텍 053)313-3673

ISBN 979-11-5901-896-1 [14730] 정가: 23,000원
979-11-5901-813-8 (세트)

* 잘못된 책은 교환하여 드립니다.

HU:iNE 은 한국외국어대학교출판부의 어학도서, 사회과학도서, 지역학 도서 Sub Brand이다. 한국외대의 영문명인 HUFS, 현명한 국제전문가 양성(International+Intelligent)의 의미를 담고 있으며, 휴인(携引)의 뜻인 '이끌다, 끌고 나가다'라는 의미처럼 출판계를 이끄는 리더로서, 혁신의 이미지를 담고 있다.

본 교재는 2021년 정부(교육부 국립국제교육원) '특수외국어 교육 진흥 사업'의 지원을 받아 수행된 결과입니다. (CFL-한국외-2020-몽골-C-1)

이 책의 음원(mp3)은 한국외국어대학교 지식출판콘텐츠원 홈페이지(press.hufs.ac.kr) 게시판-자료실에서 다운받아 사용하시기 바랍니다.

Сайн уу?

МОНГОЛ ХЭЛНИЙ
ЖИШИГ СУРАХ БИЧИГ

몽골어 표준 교재

김기선 • D. Ulziibat

A2

Тэр багш.

Энэ юу вэ?

HU:iNE

머리말

언어의 계통상 몽골어는 한국어와 어순이 같은 알타이어족 언어이자 조어법상 음운, 형태, 통사 등 여러 측면에서 많은 공통점을 가지고 있는 교착어(agglutinative)이다.

경제적인 측면에서는 20세기 말 세계 7위자원부국으로 부상하면서 전 세계의 이목이 집중되고 있다. 이에 따라 몽골은 국내기업의 신흥시장 국가로의 진출 확대 및 공공외교 대상 국가의 확대 등으로 특수지역의 언어를 능숙하게 구사할 인재 양성의 필요성이 점차 증가되고 있는 특수국가로 부상하고 있다.

학술적 측면에서 2020년 발행된『몽골어 표준 교재 A1』과 함께 몽골어 교육의 입문서로 활용될『몽골어 표준 교재 A2』의 개발은 실질적인 의사소통능력을 갖추고 세계인과 소통하며, 특수외국어 관련 지역에 대한 폭 넓은 지식과 이해를 겸비한 특수외국어 전문 인력을 양성하는 데 목적을 두고 있다.

특히 올해는 한국과 몽골이 1990년 3월 26일 외교 관계를 수립한 이후 양국간 수교 31주년을 맞이하게 돼 의미가 더욱 뜻깊다 하겠다. 현재 우리나라의 국내에 거주하는 몽골인은 근로자, 유학생 및 다문화가족을 포함하여 5만 명을 넘어서고, 최근에는 신흥자원부국인 몽골로의 기업 진출 러시와 사막화, 대기오염 등의 환경 문제 관련하여 국제사회의 이목이 집중되면서 국제회의 및 학술심포지엄이 한·몽 양국에서 활발하게 개최되고 있다.

이러한 시점에서『몽골어 표준 교재 A2』의 출간은 그만큼 시급한 과제이기도 하며 몽골 전문가의 양성 및 양국의 협력관계를 증진시키기 위해서도 매우 중요하다고 할 수 있다.

본 『몽골어 표준 교재 A2』는 국책사업인 2020년 특수외국어교육진흥법의 특수목적 교재 개발의 일환으로 몽골어를 전공하는 학생들과 일반 학습자들에게 도움이 되고자 하는 목적으로 한국외국어대학교 몽골어과에서 집필하였다.

외국어 등급 A2는 유럽의회가 발표한 유럽연합 공통 언어 표준등급(CEFR)에서 두 번째 등급이다. 일반적으로 이 등급은 '초급'으로 불리며 실제로 A2보다 낮은 A1 수준도 여기에 포함될 수 있다.

여기에 발맞추어 본 『몽골어 표준 교재 A2』는 몽골어 A1등급(입문)을 수료한 학습자들에게 실용적인 몽골어 학습에 쉽게 접근할 수 있도록 매 단원 관련 문법 내용을 요약하여 제시하였으며 학습한 내용을 학습자 스스로가 복습할 수 있도록 연습문제 및 실용적인 문형을 평이하게 기술하는 데 주안점을 두었다.

이 교재가 출간되면 신글로벌 시대 속에서 한국과 몽골의 인적교류 및 경제협력을 더 원활하고 평이하게 이루어지도록 기여할 것이다. 아울러 한국과 몽골 양국의 한국어 및 몽골어를 전공하는 학부생들의 수요를 충족시키고, 한국에 거주하는 몽골 유학생 및 일반 학습자들에게 큰 도움이 되리라 확신한다.

2021년 11월

저 자

일러두기

『몽골어 표준 교재 A2』는 몽골어 교육의 입문서로 몽골어를 배우고자 하는 학습자가 특수외국어 관련 지역에 대한 폭넓은 지식과 이해를 겸비하고 실질적인 의사소통 능력을 갖춤으로써 세계인과 소통할 수 있는 지역전문가를 양성하고자 하는 목적으로 개발되었다.

집필 방향

- 본 교재는 국책사업인 2018년 특수외국어교육진흥법의 특수목적 교재 개발의 일환으로 개발되었으며 몽골어를 전공하는 학생들과 일반학습자들에게 일상적인 기초 회화를 중심으로 다양한 활용례를 통해 효과적인 몽골어 학습의 안내서가 되게 하였다.
- 외국어 등급 A2는 유럽의회가 발표한 유럽연합 공통 언어 표준등급(CEFR)에서 두 번째 등급이다. 일반적으로 이 등급은 '초급'으로 불리며 실제로 A2보다 낮은 A1 수준도 여기에 포함될 수 있다.
- 본 교재는 몽골어를 처음 접하는 학습자들에게 몽골어에 쉽게 접근할 수 있도록 단원마다 관련 문법 내용을 요약하여 제시하였으며 학습한 내용을 학습자 스스로가 복습할 수 있도록 연습문제 및 실용적인 문형을 평이하게 기술하는 데 주안점을 두었다.

교재 구성

- 본 교재는 학습자들이 몽골어 학습에 쉽게 접근할 수 있도록 단원마다 실용적인 문형을 제시하였으며 말하기 연습을 포함하여 전체 12개 과로 구성되었다.

- 각 과는 대화문, 어휘 및 표현, 문법 설명, 듣기 연습, 읽기 연습, 추가 어휘, 쓰기 연습, 말하기 연습, 단원 평가 등으로 이루어져 있다.

- 대화문은 학습자가 몽골에서 마주칠 수 있는 자연스러운 상황을 제시하는 내용으로 기숙사, 취미생활, 식생활, 인터넷, 주변 환경, 여행, 가정, 학교 등 다양한 장소에서 쓰일 수 있는 주요 표현을 담고 있다.

- 본문에서는 학습자들이 실제 회화에서 많이 사용하는 어휘와 문형을 단계적으로 습득할 수 있도록 배열하였다. 아울러 기본 문형을 듣기 연습과 읽기 연습을 통해 이를 충분히 익히고 복습할 수 있도록 하였다.

- 본 교재는 지금까지의 기계적인 이해와 암기 위주의 몽골어 강독·회화교재와는 달리 학습자가 학습 과정에서 접할 수 있는 몽골식 사고나 구어체 문형의 특징, 또한 우리말을 몽골어로 옮길 때의 문제점 등을 제시하여 학습자의 이해를 높이는 데 주안점을 두었다.

- 몽골 민속문화는 기초 단계의 학습자가 유목문화와 한국 문화와의 유사성을 확인할 수 있도록 속담을 중심으로 몽골의 전통과 문화를 소개하는 내용으로 구성되었다.

차례

교재구성표

단원	주제	학습목표
1	Өдрийн тэмдэглэл 일기	• 몽골어로 일기 쓰기 • 몽골어 동사의 사동태 익히기 • 몽골어의 2인칭 종결어미 익히기
2	Чиний хобби юу вэ? 취미 생활	• 취미 생활 관련 표현 익히기 • 몽골어의 화용적 표현 익히기 • 간접인용문 익히기
3	Хувь хүний зан чанар 성격	• 개인의 성격 관련 표현 익히기 • 몽골어의 재귀대명사 익히기 • 몽골어의 상호대명사 익히기
4	Гадаад төрх байдал 외모	• 외모 묘사하기 • 몽골어의 공동태와 상호태 알아보기 • 몽골어 형용사의 특징 알아보기
5	Сургуулийн амьдрал 학교 생활	• 학교 생활에 대하여 이야기하기 • 몽골어의 복수주체태 익히기 • 몽골어의 보조동사 익히기
6	Ажил ба Амралт 워라밸	• 워라밸(일과 삶의 균형) 관련 표현 익히기 • 몽골어의 2인칭 종결어미 용법 익히기 • 몽골어의 3인칭 종결어미 용법 익히기

문법

- 2인칭 문장 종결어미 -аач/-ээч/-ooч/-өөч
- 몽골어의 태
  (1) 능동태(Үйлдэх хэв)
  (2) 사동태(Үйлдүүлэх хэв)
  (3) 사동태 중첩

- 순차연결어미(Далимдан холбох нөхцөл) -нгуут/-нгүүт
- 화용적 표현 хэчнээн... байсан ч гэсэн, хэчнээн... ч гэсэн
- 간접인용문(Хөндлөнгийн үгтэй өгүүлбэр)

- 지속연결어미(Үргэлжлэн холбох нөхцөл) -саар/-сээр/-соор/-сөөр
- 재귀대명사(Өөрийн төлөөний үг)
- 상호대명사(Хам төлөөний үг)

- 몽골어의 태
  (1) 공동태(Үйлдэлцэх хэв)
  (2) 상호태(Үйлдэлдэх хэв)
- 몽골어 형용사 특징
- 몽골어 형용사의 의미적 특징
- 화용적 표현 -х сан^{4}/-х юм сан

- 몽골어의 태: 복수주체 태(Олуулаа үйлдэх хэв)
- 몽골어 보조동사 БОЛ-
- 화용적 표현 -х бодолтой байна / -х санаатай байна

- 2인칭 문장종결어미 -уузай / -үүзэй
- 3인칭 문장종결어미 -г
- 3인칭 문장종결어미 -аасай / -ээсэй / -оосой / -өөсэй

교재구성표

단원	주제	학습목표
7	Эрүүл хооллолт 건강한 식생활	• 건강한 식생활 관련 표현 익히기 • 몽골어 부정문과 부정극어 알아보기 • 몽골어의 후치사 익히기
8	Загварын ертөнц 패션 한류	• 한류 및 패션 관련 표현 익히기 • 명사의 복수어미 익히기 • 몽골어의 문장 첨사 익히기
9	Интернэт хэрэглээ 인터넷	• 인터넷과 SNS 관련 표현 익히기 • 부정 종속연결어미의 용법 익히기 • 화용적 표현 익히기
10	Эрүүл саруул амьдрал 건강한 삶	• 건강한 삶 관련 표현 익히기 • 몽골어의 접속사 익히기 • 몽골어의 속담에 대하여 알아보기
11	Байгаль хамгаалал 주변 환경	• 환경 문제 관련 표현 익히기 • 몽골어 조어법의 특징 알아보기 • 몽골어의 문장 접속사 익히기
12	Аялал жуулчлал 관광 · 여행	• 여행 및 관광 관련 표현 익히기 • 몽골어의 분사에 대해 알아보기 • 몽골어의 첨사 익히기

문법

- 현대몽골어의 부정극어
- 접속 관계에 따른 후치사 – 1

- 명사의 복수형
- 화용적 표현(희망) -х юм сан, -х сан
- 접속 관계에 따른 후치사 – 2

- 부정의 종속연결어미(Үгүйсгэн холбох нөхцөл) -лгүй
- -аас өөр, -аас илүү

- 몽골어 접속사
- 몽골 속담

- 몽골어 격어미 중첩
- 몽골어의 연어(phrace, хоршоо үг)
- 자주 쓰이는 문장 접속사 및 연결사

- 접미사 -х, -хан[4]
- 첨사 ч

01 Өдрийн тэмдэглэл

일기

학습목표

1. 몽골어로 일기 쓰기
2. 몽골어 동사의 사동태 익히기
3. 몽골어의 2인칭 종결어미 익히기

1. 일기는 어떤 내용을 담고 어떻게 써야 합니까?
2. 능동태와 사동태의 차이가 무엇입니까?
3. 사동태 중첩이라는 것이 무엇입니까?

어휘 및 표현

өдрийн тэмдэглэл	일기
хонох	묵다
жуулчны бааз	관광캠프
буух	짐을 풀다
нуурын эрэг	호숫가
зугаалах	산책하다
загас барих	낚시, 낚시하다
галт уул	화산
хөдлөх	출발하다, 떠나다
өдөр тутам	일상
учрал тохиолдол	조우, 만남, 인연
сонин хачин	재미 있는, 흥미로운, 특별한
дотоод сэтгэл	속 마음
чиг хандлага	추세, 동향
арга барил	방식, 방법
сэтгэгдэл	소감, 감상
аян замын тэмдэглэл	여행기
ухаалаг гар утас	스마트폰
олон нийтийн сүлжээ	대중 매체
дүрс бичлэг	동영상
мундаг	대단하다, 뛰어나다
уйгагүй	꾸준히
бичих чадвар	작문 실력, 글쓰기 능력
сэтгэл догдлох	감동하다
хандлага	태도, 자세
үнэлэлт	평가, 판단
дүгнэлт	평가
дэс дараа	절차
уялдаа холбоо	연관성
адал явдал	모험
дурсамж	추억
аппликейшн	애플리케이션
суулгах	설치하다
татах	다운로드하다
тохиромжтой	적합하다, 적당하다

본문

Өдрийн тэмдэглэл

"Өнөөдөр 7 сарын 21-ны өдөр. Даваа гараг. Цэлмэг сайхан өдөр болж байна. Улаанбаатараас гараад 3 хоножээ. Өчигдөр орой Тэрхийн цагаан нууран дээр ирж хонолоо. "Майхан толгой" гэдэг нэртэй жуулчны баазад буулаа. Нуурын эргээс холгүй, цэвэрхэн сайхан бааз байна. Бас хоол нь ч амттай юм. Аялалд явж байхад амттай, тэжээллэг хоол юу юунаас чухал байдаг.

Бид эндээ хоёр хонох бодолтой байна. Нуурын эргээр зугаалж, морин аялалаар явж, загас барих төлөвлөгөөтэй байгаа. Бас "Хоргын тогоо" гэж нэртэй галт уулын тогоог очиж үзнэ. Их сонирхолтой байх байх аа. Тэгээд дараа нь цаашаа аялалаа үргэлжлүүлж Хөвсгөл рүү хөдлөх болно. Олон хоног машинаар явж байгаа болохоор жаахан ядарч байгаа боловч үнэхээр зугаатай сайхан аялал болж байна..."

Хүмүүс амьдралынхаа явцад өдөр тутмынхаа ажил байдал, учрал тохиолдол, сонин хачин зүйлийг он сар өдрөөр нь хөтлөн тэмдэглэдэг. Өдрийн тэмдэглэл хөтөлснөөр өөрийн дотоод сэтгэлийг таньж мэдэх, улмаар цаашдын амьдралын чиг хандлагаа төлөвлөх, бусдад хэлж чадахгүй байгаа зүйлээ өөртөө зориулж хэлэх гээд төрөл бүрийн ач тустай.

Хүн бүр өөр өөрийн арга барилаараа өдрийн тэмдэглэл хөтөлдөг. Гол төлөв тухайн өдөр цаг агаар ямар байсан гэдгээс эхлээд хаана, хэзээ, хэнтэй юу хийсэн тухайгаа, мөн ямар сэтгэгдэл төрсөн тухайгаа бичдэг. Мөн тодорхой цаг үед, тухайлбал, сургалт дамжаанд сууж шинэ зүйл сурч мэдэж байгаагаа тэмдэглэх хичээлийн тэмдэглэл, аль эсвэл аялалаар явах үедээ үзэж харсан зүйлээ тэмдэглэх аян замын тэмдэглэл зэрэг төрөл бүрийн хэлбэртэй байж болно.

Харин сүүлийн үед ухаалаг гар утсаа ашиглан өөрийнхөө өдөр тутмын амьдралыг олон нийтийн сүлжээнд тавих нь элбэг болсон байна. Энэ нь нэг талаар, тухайн цаг үеийнхээ үйл явдал, өөрт таалагдсан зүйлээ гэрэл зураг, дүрс бичлэг, мөн богино хэмжээний сэтгэгдэл зэргийг үлдээж байгаагаараа өдрийн тэмдэглэлтэй төстэй боловч нөгөө талаар тухайн зүйлээ зөвхөн өөртөө зориулж тэмдэглэж байгаа бус харин өөрийнхөө амьдрал, өдөр тутмын хэрэг явдлаа бусдад дэлгэн харуулсан байдгаараа онцлогтой юм.

대화문 1

Болд Чи бас л өдрийн тэмдэглэлээ бичиж байна уу? Чи ч ёстой мундаг юм аа. Яаж ингэж өдөр болгон уйгагүй тэмдэглэл бичиж чаддаг байна аа.

Туяа Мундаг ч гэж дээ. Ингэж тэмдэглэл хөтлөх нь миний хувьд нэг өдрийн хамгийн чухал, бас хамгийн сонирхолтой ажил маань юм шүү дээ.

Болд Тийм гэж үү? Юу нь тийм чухал гэж?

Туяа Би сургуулиа төгсөөд сэтгүүлч болно гэж ярьж байсан шүү дээ. Тийм болохоор, өөрийнхөө бичих чадварыг дээшлүүлэхэд хамгийн их тус болдог. Би өдөр тутам тохиолдсон онцлог сонин үйл явдал, сэтгэл догдлуулсан мөч, түүнд хандсан миний хандлага, үнэлэлт, дүгнэлт зэргээ дэс дараатай, уялдаа холбоотой бичихийг хичээдэг юм.

Болд Аан, тэгвэл ч бас юм их бичих нь чамд хэрэгтэй л юм байна даа.

Туяа Дан ганц бичээд байх биш урьд өмнөх тэмдэглэлүүдээ уншиж үзэхэд хэчнээн сонирхолтой байдаг гээч? Ялангуяа, аялалаар явсан замын тэмдэглэлээ уншихад тэр үед тохиолдсон адал явдал, санамсаргүй зүйлс эргэж санаанд ороод үнэхээр дурсамжтай сайхан байдаг шүү.

Болд Замын тэмдэглэл ч харин сонирхолтой сайхан шүү. Би бол аялалаар явах үедээ авсан зургуудаа харах дуртай. Харин тэмдэглэл хөтөлж ер чаддаггүй юм. Яаж чам шиг уйгагүй тэмдэглэл хөтөлж сурах вэ, байз?

Туяа Зүгээр л бал үзэг гаргаад бичээд бай! Эхэндээ ядаргаатай ч юм шиг санагддаг л юм. Гэвч бичээд байх тусам амтанд нь орж улам их бичих хүсэл төрдөг гээч.

Болд Харин ээ! Тэгдэг ч юм уу?

대화문 2

Мишээл Дөлгөөн өө! Чи энийг/үүнийг/ хараач! Ямар болсон байна?

Дөлгөөн Хөөх! Яасан гоё юм? Энийг яаж хийсэн юм бэ?

Мишээл Ийм аппликейшн байдаг юм аа. Би шинээр суулгасан юм. Зүгээр байгаа биз?

Дөлгөөн Их гоё болсон байна. Энэ юу гэдэг аппликейшн вэ?

Мишээл Энэ үү? “OOONote” гэдэг аппликейшн. Төрөл бүрийн тэмдэглэл хөтлөх зориулалттай юм байна. Хэрэглэж үзсэн чинь их зүгээр санагдлаа.

Дөлгөөн Тийм үү? Тэгвэл би ч гэсэн татаад суулгачихъя.

Мишээл Тэгээч! Өдрийн тэмдэглэл хөтлөх, ажлын төлөвлөгөө гаргаж тэмдэглэх, аяллын тэмдэглэл хөтлөхөд их тохиромжтой юм байна. Зураг, дүрс бичлэг оруулж болно. Бас холбоотой линкүүдийг нь хуулж аваад тавьчихна. Тэгээд дээрээс нь өөрийнхөө тэмдэглэлийг бичиж болно.

문법설명

1. 2인칭 문장 종결어미 -аач/-ээч/-ооч/-өөч

동사 어간에 '2인칭 종결어미 -аач^4'를 연결하여 다음과 같은 의미를 나타낸다.

(1) 화자로부터 청자에 대한 희망, 부탁, 바램, 또는 가벼운 명령 등의 의미를 나타낸다.

Та энэ номоо надад хэд хоног зээлүүлээч. Би уншчихаад өгье.
Чи энэ цамцыг аваач! Чамд их сайхан зохих байх аа.
Та үүнийг надад дахиад нэг сайхан тайлбарлаад өгөөч!

(2) 몽골어의 2인칭 종결어미로 'Ø', '-аарай^4', '-аач^4','-гтун','-уузай^2' 등이 있으며 의미상으로 어미 -аач^{4}는 Ø와 -аарай^{4}와 가장 비슷하다고 볼 수 있다. 나머지 어미, -гтун^{2}은 청자를 대우하며 요수, 희망하는 뜻, -уузай^{2}은 2인칭 행위에 대한 염려, 중지, 금지 등의 의미를 나타낸다.

Та одоо яв.	[명령, 요구]
Та одоо яваарай.	[명령, 요구, 부탁, 제안]
Та одоо яваач.	[요구, 부탁, 제안]
Та одоо явагтун.	[요구, 명령]
Та маргааш хоцруузай.	[권고, 염려, 중지]

(3) 현대몽골어에서, 특히 구어체에서는 '부탁', '제안', 부드러운 명령' 등의 의미로 '-аад өгөхгүй юу?(간혹 -хгүй юу?)' 등의 의문문이 많이 사용된다. 이것은 한국어의 '~해 주시겠습니까?' 등과 비슷한 표현이라고 볼 수 있다.

Та үүнийг надад дахиад нэг сайхан тайлбарлаад өгөөч!
Та үүнийг надад дахиад нэг сайхан тайлбарлаад өгөхгүй юу?
Та энэ номоо надад хэд хоног зээлүүлээч. Би уншчихаад өгье.
Та энэ номоо надад хэд хоног зээлүүлэхгүй юу? Би уншчихаад өгье.

2. 몽골어의 태

몽골어의 태에 관하여 A1 교재 제7과에서 간략하게 배운 적이 있다. 그러나 이번에는 몽골어의 동사 태에 관하여 보다 자세하게 다루고자 한다. 몽골어의 동사가 동작의 주어, 목적어, 목적보어와의 관계로 서로 다른 모양으로 변화하는 것을 보여주는 것을 '동사의 태(Үйл үгийн хэв)'라고 한다. 행위에 대해 누가 행위를 취했는지를 보여주는 주어와의 관계를 나타낸다.

(1) 능동태(Үйлдэх хэв)

동작, 행위의 주인이 자신 스스로 동작을 취함을 나타낸다. 이 때는 특별한 접사 없이 동사 어간만을 그대로 사용한다.

(2) 사동태(Үйлдүүлэх хэв)

사동이란 사람이나 동물, 또는 사물이 스스로 움직이거나 그 상태에 이르는 것이 아니라, 다른 사람을 시켜서 사람이나 동물, 또는 그 사물에 움직임이 생기게 하거나 그 상태에 이르도록 하는 것을 말한다.
현대 몽골어 사동태 어미로 '-уул/-үүл/-лга[4]/-га[4]/-аа[4]' 등이 여러 이형태 어미가 있다.

(2-1) 몽골어의 사동태 어미 -уул/-үүл
사동태 어미 '-уул/-үүл'는 동사 어간에 모음조화에 따라 연결한다.

-уул	унт/ах	→	унтуулах
	яв/ах	→	явуулах
	олг/ох	→	олгуулах
	хар/ах	→	харуулах
	усл/ах	→	услуулах
-үүл	ир/эх	→	ирүүлэх
	бич/их	→	бичүүлэх
	өг/өх	→	өгүүлэх
	үз/эх	→	үзүүлэх
	бэлд/эх	→	бэлдүүлэх

Миний дүү унтав. → Би дүүгээ унтуулав.
Өвөө захиа бичив. → Өвөө надаар захиа бичүүлэв.

Би найздаа захиа явуулав.
Бид даалгавраа багшаар шалгуулав.
Миний найз надад зураг үзүүлэв.

(2-3) 몽골어의 사동태 어미 -га/-гэ/-го/-гө
사동태 어미 '-га/-гэ/-го/-гө'는 동사 어간에 모음조화에 따라 연결한다.

-га -гэ -го -гө	тусах	→	тусгах
	сурах	→	сургах
	гарах	→	гаргах
	нисэх	→	нисгэх
	хүрэх	→	хүргэх
	босох	→	босгох
	хөрөх	→	хөргөх
	өсөх	→	өсгөх
	өмсөх	→	өмсгөх

(2-3) 몽골어의 사동태 어미 -га/-гэ/-го/-гө
사동태 어미 '-га/-гэ/-го/-гө'는 동사 어간에 모음조화에 따라 연결한다.

-аа -ээ -оо -өө	буцах	→	буцаах
	унтрах	→	унтраах
	хурах	→	хураах
	халах	→	халаах
	түгэх	→	түгээх
	хүртэх	→	хүртээх
	бүтэх	→	бүтээх
	зовох	→	зовоох
	тогтох	→	тогтоох
	тохох	→	тохоох

(3) 사동태 중첩

(4)-(3)

хур+-аа+-лга>хураалга(빼앗기다)
дэвт+-ээ+-лгэ >дэвтээлгэ(담그게 하다)

(3)+(2)

богинод+-го+-уул> богинотгуул(짧게 하다)
сэл+-гэ+-үүл >сэргүүл(교체시키다)
хүр+-гэ-+-үүл>хүргүүл(데려다 주다)

(4)+(3)+(2)

Зэвсэг хураах (хур+-аа+-х (빼앗다) 무기를 빼앗았다
Зэвсэг хураалгах (хур+-аа+-лга+-(а)х (압수당하다) 무기를 압수당했다.
Зэвсэг хураалгуулах (хур+-аа+-лга+-уул+-(а)х (빼앗게 하다) 무기를 빼앗게 하였다.

듣기 연습

1. 다음 문장을 잘 듣고 따라서 말하세요.

» Та үүнийг надад заагаад өг!
» Та үүнийг надад заагаад өгөөч!
» Та үүнийг надад заагаад өгөөрэй!
» Та үүнийг надад заагаад өгөхгүй юу?

» Надад үүнийг дутуу заагаад өгүүзэй!
» Үүнийг түүнд бас заагаад өгүүзэй. Болохгүй шүү!

» Чи өнөөдөр очоод Болдтой уулз!
» Чи өнөөдөр очоод Болдтой уулзаач!
» Чи өнөөдөр очоод Болдтой уулзаарай!
» Чи өнөөдөр очоод Болдтой уулзахгүй юу!

» Чи өнөөдөр очоод Болдтой уулзаад хамаагүй юм яриузай!
» Чи өнөөдөр очоод Болдтой уулзаад хамаагүй юм яриузай!

2. 다음 어휘들을 듣고 따라서 말하세요.

	-уул2	-лга4	-га4	-аа4	사동태 중첩	사동태 중첩
айх		айлгах				айлгуулах
буцах				буцаах	буцаалгах	
өмсөх	өмсүүлэх		өмсгөх			
сурах			сургах			
сэрэх				сэрээх	сэрээлгэх	сэрээлгүүлэх
унтах	унтуулах					
хийх		хийлгэх				хийлгүүлэх
хурах				хураах	хураалгах	хураалгуулах
хүлээх		хүлээлгэх				хүлээлгүүлэх
явах	явуулах					

읽기 연습

1. 다음 문형을 읽어 보세요.

Та Чи Та нар Болд	хэнд ямар хүмүүст ямар найздаа	ном сэтгүүл кино гоё юм зураг	үзүүлсэн бэ?

Би Бид нар Болд	түүнд оюутнуудад сурагчдад дотны найздаа	ном сэтгүүл кино гоё юм зураг	үзүүлсэн.

2. 다음 문형을 읽어 보세요.

Та Болд Багш Дарга	Туяаг багшийг намайг чамайг эмчийг	юу хийлгэсэн бэ? яалгасан бэ?
	Туяагаар багшаар надаар чамаар эмчээр	

<table>
<tr><td rowspan="2">Би
Болд
Багш
Дарга</td><td>Туяаг
багшийг
намайг
чамайг
эмчийг</td><td>явуулсан.
гаргасан.
сэрээсэн.
айлгасан.
унтуулсан.</td></tr>
<tr><td>Туяагаар
багшаар
надаар
чамаар
эмчээр</td><td>хоол хийлгүүлсэн.
зураг зуруулсан.
компьютер заалгасан.
тоо заалгуулсан.
тариа хийлгэсэн.</td></tr>
</table>

3. 다음 문형을 읽어 보세요.

<table>
<tr><td>Та</td><td>хэнээр</td><td>зураг авхуулав?
захиалга авхуулсан бэ?
захиа бичүүлсэн бэ?
малгай хийлгэв?
цүнх оёулав?</td><td></td></tr>
<tr><td>Таны</td><td>зургийг
захиалгыг
захиаг
малгайг
цүнхийг</td><td>хэн</td><td>авав?
авсан бэ?
бичсэн бэ?
хийсэн бэ?
оёсон бэ?</td></tr>
</table>

<table>
<tr><td>Би</td><td>зурагчнаар
дүүгээрээ
охиноороо
ээжээр
эгчээрээ</td><td>зураг авхууллаа.
захиалга авхуулсан.
захиа бичүүлэв.
малгай хийлгэсэн.
цүнх оёуллаа.</td><td></td></tr>
<tr><td>Миний</td><td>зургийг
захиалгыг
захиаг
малгайг
цүнхийг</td><td>зурагчин
дүү
охин
ээж
эгч</td><td>авав.
авсан.
бичсэн.
хийсэн.
оёсон.</td></tr>
</table>

4. 다음 문형을 읽어 보세요.

Туяа! Чи өнөөдөр нэг сайхан амттай хоол хийгээч!
Чи ганц удаа надтай хамт очооч!
Чи үүнийг надад зааж өгөөч!
Чи миний оронд түүнтэй уулзаад яриад өгөөч!
Маргааш гэхэд яг дуусгаач!

Туяа! Чи өнөөдөр нэг сайхан амттай хоол хийгээрэй!
Чи ганц удаа надтай хамт очоорой!
Чи үүнийг надад зааж өгөөрэй!
Чи миний оронд түүнтэй уулзаад яриад өгөөрэй!
Маргааш гэхэд яг дуусгаарай!

Туяа! Чи өнөөдөр нэг сайхан амттай хоол хийхгүй юу? / хийгээд өгөхгүй юу?
Чи ганц удаа надтай хамт очоод өгөхгүй юу?
Чи үүнийг надад зааж өгөхгүй юу?
Чи миний оронд түүнтэй уулзаад яриад өгөхгүй юу?
Маргааш гэхэд яг дуусгаад өгөхгүй юу?

5. 다음 문형을 읽어 보세요.

Та Чи Та нар Болд	намайг түүнийг Туяаг тэд нарыг	орой 6 цагт	ир яваарай утасдаарай уулзъя хамт хоол идье	гэл үү? гэсэн билүү?

Та Чи Та нар Болд	түүнтэй Туяатай	уулзъя танилцъя хамт хоол идье	гэсэн	байх аа? биз дээ? бил үү? биш үү? байхгүй юу? шүү дээ. дээ. билээ.

추가 어휘

авах	받다, 사다, 가지다
авхуулах	가지게 하다
айх	겁이 나다
айлгах	겁을 주다
ахих	나아가다
ахиулах	나아가게 하다
бичих	쓰다
бичүүлэх	쓰게 하다
гарах	나가다
гаргах	내 보내다
заах	가르치다
заалгуулах	가르치도록 하다
заалгах	가르치게 하다
зурах	그리다
зуруулах	그리게 하다
оёх	꿰매다, 바느질하다
оёулах	꿰매게 하다
өгөх	주다
өгүүлэх	주게 하다
өнгөрөх	지나가다
өнгөрөөх	지내다
өнгөрүүлэх	지나가게 하다
сэрэх	깨다
сэрээх	깨우다
унтах	자다
унтуулах	재우다
үзэх	보다
үзүүлэх	보여주다
хийх	만들다
хийлгэх	만들게 하다
хийлгүүлэх	만들게 시키다
явах	가다
явуулах	보내다

쓰기 연습

1. 아래의 내용을 번역해 보세요.

(1) 다음 내용을 한국어로 번역하세요.

Өдрийн тэмдэглэлд 8 цагт бослоо, 9 цагт ажилдаа ирлээ, 1 цагт унтлаа гэх мэт цаг хугацааны дараалал бичих шаардлагагүй юм. Хамгийн гол нь өөрийнхөө гаргасан шийдвэр, алдаа, оноо, өөрчлөлтүүдээ тэмдэглэж түүнээсээ өөрөө дүгнэлт хийж суралцах нь чухал юм.

(2) 다음 내용을 몽골어로 번역하세요.

일기란 개인이 일상에서 체험하는 경험, 생각, 감상 등의 제반 사항을 하루 단위로 기록하는 비공식적, 사적 기록이다. 일기는 일기작성자가 작가이면서 동시에 유일한 독자인 특이한 글쓰기이다. 따라서 어떤 글쓰기보다 사적인 비밀이나 속마음이 적나라하게 표현된다.

2. 일기를 써 보세요. 먼저 다음 내용을 읽어 보세요.

(1) Өнөөдөр хэдэн сарын хэдний өдөр вэ?
Өнөөдөр 8 дугаар сарын 24-ны өдөр. Ням гараг.

(2) Өнөөдөр би хаагуур юу хийв?
Өнөөдөр энэ зуны амралтын хамгийн сүүлийн амралтын өдөр. Өнөөдөр би Их дэлгүүр орж шинэ хичээлийн улиралдаа бэлдэж дэвтэр харандаа, бас шинэ хувцас авлаа.

(3) Маргааш би юу хийх төлөвлөгөөтэй байна?
Маргааш би найзтайгаа уулзахаар болсон. Найзтайгаа уулзаад энэ семестрт ямар ямар хичээ сонгохоо төлөвлөхөөр болсон юм. Энэ улиралд би хичээл номоо сайн хийж дүнгээ ахиулах хэрэгтэй.

(4) Би ямар сэтгэгдэлтэй байна вэ?
Удахгүй шинэ хичээлийн улирал эхэлнэ. Ангийнхаа найзуудтайгаа удахгүй уулзана гэж бодохоор үнэхээр их сэтгэл догдолж байна.

(5) 위에 메모한 내용을 바탕으로 일기를 써 보세요

3. 일기에 대하여 작문을 써 봅시다. 다음 질문에 대해 간단하게 메모해 보고 그 내용을 바탕으로 글을 작성해 보세요.

(1) Та өдрийн тэмдэглэл хөтөлдөг үү?

(2) Та өдрийн тэмдэглэлдээ юуны тухай бичихийг зорьдог вэ?

(3) Урьд өмнө бичсэн тэмдэглэлээсээ ямар дүгнэлт хийж болох вэ?

(4) Та өөрийнхөө бичсэн өдрийн тэмдэглэлээ бусадтай хуваалцахыг хүсэж байна уу?

(5) Өдрийн тэмдэглэл хөтлөхийн ач холбогдол юу вэ?

(6) 위에 메모한 내용을 바탕으로 글을 써 보세요.

말하기 연습

1.

- Чамайг хараад байхад дандаа тэмдэглэл хөтлөх юм. Юугаа тэгж хөтөлдөг юм бэ?
- Өнөөдөр хийсэн ажил, маргааш хийх ёстой ажил гээд бичиж тэмдэглэх юм мундахгүй шүү дээ.
- Чи их уйгагүй бичиж тэмдэглэх юм аа. Би бол тэгж чаддаггүй юм.
- Ямар нэгэн юмаа бичиж тэмдэглэж сурвал их ашиг тустай. Хамгийн нэгдүгээрт, ямар ч зүйлд эмх цэгцтэй ханддаг болно. Бас хийсэн ажлынхаа үр дүнг хараад үнэлэлт өгөх, алдсан зүйл байвал эргэж харах тал дээр их тустай гэж боддог. Мөн хийх ажлуудаа урьдчилаад төлөвлөөд, жагсаагаад биччихвэл ямар нэгэн алдаа гаргах нь бага байдаг гэж би боддог юм.

2.

- Болд оо! Чи юу хийж байгаа юм бэ?
- Түрүү жил аялалаар явж байхдаа авсан зургуудаа үзээд сууж байна.
- Чи тэр аялалаар явж байхдаа тэмдэглэл хөтөлсөн үү?
- Үгүй ээ. Чадаагүй. Тэмдэглэл хөтлөх минь яалаа даа гэж бодоод сууж байна.

3.

- Би ийм аппликейшн суулгалаа. Чи үзээч! Дажгүй юм байна.
- Яадаг аппликейшн юм бэ?
- Өдөр өдрийнхөө төлөвлөгөө гаргах, тэмдэглэл хөтлөх, дуу хураах гээд их зүгээр юм байна. Бас төрөл бүрийн зураг, дуу, дүрс бичлэг хавсаргах, линк холбох гээд олон үйлдэлтэй юм байна лээ. Чи бас татаж аваад суулгачхаач!
- Үнэгүй юм уу?
- Үндсэн үйлдлүүд нь үнэгүй. Харин нэмэлт үйлчилгээ авах юм бол мөнгө төлөх юм байна.

단원 평가

1. 빈칸에 가장 알맞는 것을 고르세요.

(1) **A:** Тэр юу гэж байна?

Б: Чамайг нэг утсаар ______ гэж байна.

① яриузай　　② ярья

③ яриач　　④ ярьдаг

(2) **A:** Орой 10 цагаас хойш тань руу ______?

Б: Чамайг нэг утсаар ______ гэж байна.

① битгий утасдаарай　　② утасдаж болох уу

③ утсаар ярьж үз　　④ утасдахгүй

2. 다음 문장 중 밑줄 친 부분이 틀린 것을 고르세요.

① Чи над руу мэйл явуулаарай.

② Түүнийг ирвэл хүлээлгэж байгаарай.

③ Эмээ надаар мессеж бичүүлэв.

④ Би өглөө босоод цайгаа уулгав.

3. 다음 문장 중 밑줄 친 부분이 맞는 것을 고르세요.

① Гэмт хэрэгтэн эцэст нь цагдаад барив.

② Уул дээрээс манай хот сайхан харуулдаг.

③ Энэ зун их халуун болохоор зайрмаг их зарагдаж байна.

④ Энд их чимээгүй болохоор зөөлөн ярьсан ч бусдад сонсгоно.

02 Чиний хобби юу вэ?

취미 생활

학습목표

1. 취미 생활 관련 표현 익히기
2. 몽골어의 화용적 표현 익히기
3. 간접인용문 익히기

1. 다양한 취미 생활의 목적은 무엇입니까?
2. 몽골어 구어체의 특징은 무엇입니까?
3. 현대몽골어의 간접인용문은 어떻게 나타납니까?

어휘 및 표현

бие махбод	신체
дотносох	친해지다
дугуйлан	동아리
ижил төстэй	유사하다, 비슷하다
магадгүй	혹시, 만약, -ㄹ지 모른다
морин хуур	마두금, 몽골 전통 현악기
мэдлэг чадвараа хуваалцах	재능을 기부하다
мэргэжлийн үнэмлэх	자격증
насанд хүрэгчид	성인들
нэгтгэн харах	종합적으로 살펴보다
орчин үеийн хүмүүс	현대인
өөр хоорондоо	서로 간의, 상호
өөрийгөө хөгжүүлэх	자기계발
сэтгэл санаа	정신
тойром бүрд	오아시스
урам зориг	보람, 만족감
үндэсний хөгжим	민속 악기
үр бүтээлтэй	효과적으로, 효율적으로
хобби	취미
хобби сонирхол	취미, 좋아하는 것
хобби сонирхлоо хөгжүүлэх	취미를 가지다, 취미를 키우다
хол хөндий харьцаа	거리가 멀다
хөрөнгө оруулах	투자를 하다
цагаа зарцуулах	시간을 투자하다, 시간을 소비하다
цэнэг авах	충전되다
шинэ танил	새로 알게 된 사람
эзгүй цөл	사막
эрч хүч	에너지, 활력소
эрч хүч авах	활력을 느끼다
эрч хүчтэй	활달하다, 명랑하다

본문

Таны хобби юу вэ?

“Таны хобби юу вэ?”, “Та юунд дуртай вэ?”. Шинэ танилуудтай болох ч юм уу, өөрийнхөө тухайн танилцуулж байхад энэхүү асуултыг байнга сонсдог. Магадгүй энэ асуултыг өөр хоорондын ижил төстэй зүйлийг олж харах гэсэн, эсвэл хол хөндий харьцаагаа ойртуулах гэсэн үүднээс тавьдаг ч байж болох юм. Өөр хоорондоо ямар нэгэн ижил төстэй зүйл байх юм бол тэдгээр хүмүүс маш хурдан ойртож дотносдог болохыг бид бүхэн сайн мэднэ.

Насанд хүрэгчдийн дунд явуулсан нэгэн судалгаанаас харахад 87.1%(хувь) нь ямар нэгэн өөрийн гэсэн хобби сонирхолтой гэж хариулсан байна. Мөн хоёр болон түүнээс дээш хобби сонирхолтой гэж хариулсан хүмүүс 60.4%-ийг эзэлжээ.

Зав чөлөөгүй орчин үеийн хүмүүс өөрийн гэсэн хобби сонирхолтой байна гэдэг нь эзгүй цөлийн дунд орших “тойром бүрд”-тэй адил бие махбод сэтгэл санааны эрч хүч, урам зориг өгдөг зүйл юм. Мэдээж хүн бүхний хобби сонирхол харилцан адилгүй боловч тэдгээрийн төрлийг нэгтгэн харвал биеийн тамир спортоор хичээллэх, ямар нэгэн зүйлийг цуглуулах, кино үзэж хөгжим сонсох гээд янз бүр байх юм.

“Таны хобби юу вэ?”, “Та юунд дуртай вэ?”, “Та юунаас эрч хүч, цэнэг авдаг вэ?” гэж асуувал та юу гэж хариулах вэ?

대화 1

Туяа Болд оо! Чи хичээлээ тарангуут л яараад гараад явчих юм. Хаашаа тэгтлээ яараад явчихдаг юм бэ?

Болд Аан. Би энэ сараас эхлээд морин хуурын дугуйланд явж байгаа байхгүй юу. Манай дугуйлан 5 цагт эхэлдэг юм. Тэгээд л хичээл тарангуут гүйгээд явчхаж байгаа нь тэр.

Туяа Өө, тийм үү? Би чамайг дуу хөгжимд сонирхолтой гэж үнэхээр бодсонгүй шүү. Чи ямар ямар хөгжим тоглож чаддаг юм?

Болд Би дунд сургуульд байхаасаа гитар тоглодог байсан. Харин үндэсний хөгжим гэвэл одоо л сурч байгаа нь энэ. Морин хуур үнэхээр сайхан хөгжим шүү.

Туяа Харин тийм. Морин хуурын аялгуу үнэхээр уярам сайхан.

Болд Харин чи юунд дуртай вэ?

대화 2

Болд Минсү! Солонгосын оюутан залуус чөлөөт цагаараа юу хийж өнгөрүүлдэг вэ? Сүүлийн үеийн залуус юунд дур сонирхолтой вэ?

Минсү Ер нь бол хориод насны оюутан залуучуудын хобби сонирхлыг харвал хоёр төрөлд хувааж болох юм. Эхнийх нь, эрч хүчтэй залуу насандаа хийж цаг хугацааг хөгжилтэй өнгөрөөх зүйлс. Тухайлбал, төрөл бүрийн биеийн тамираар хичээллэх ч юм уу, аялалд явах гэх мэт.

Болд Аа, дараагийнх нь?

Минсү Дараагийнх нь гэх юм бол, өөрийгөө хөгжүүлэх. Өөрийнхөө орохыг хүсэж байгаа ажил мэргэжилтэй холбоотойгоор өөрийгөө хөгжүүлж, мэдлэг мэргэжил олж авахад манай оюутнууд багагүй цагаа зарцуулдаг. Өөрөөр хэлбэл, өөрийнхөө ирээдүй, зорилгод хөрөнгө оруулдаг гэж хэлж болно.

Болд Тухайлбал, ямар байдлаар өөрийгөө хөгжүүлдэг вэ?

Минсү Мэдээж, төрөл бүрийн дугуйлан, дамжаанд суралцаад тодорхой хэмжээний мэргэжлийн үнэмлэх авч болно. Бас сургууль дээрээ “study group” байгуулж бие биетэйгээ өөрийн мэдлэг чадвараа хуваалцах замаар өөрийгөө хөгжүүлэх арга байж болно.

Болд Чиний ярианаас сонсоход солонгос залуучууд цаг хугацаагаа үнэхээр үр бүтээлтэй өнгөрүүлдэг юм байна. Харин чи одоо монголд ирээд юу хамгийн ихээр сонирхож байна вэ?

문법설명

1. 순차연결어미(Далимдан холбох нөхцөл) -нгуут/-нгүүт

순차연결어미 -нгуут[2]는 해당 어미가 연결된 선행동사의 동작 발생 직후 후행동사의 동작이 바로 잇달아 순차적으로 발생함을 나타낸다. 따라서 두 동사의 동작은 앞, 뒤의 시간적 관계를 나타내게 된다.

Аавыг ирэнгүүт ээж явлаа.
Гэрэл унтрангуут кино гарч эхэллээ.

이 어미의 의미는 -магц[4]와 매우 유사한데 구어체 보다는 문어체에서 많이 사용되는 편이다.

Аавыг ирмэгц ээж явлаа.
Гэрэл унтармагц кино гарч эхэллээ.

2. 화용적 표현 хэчнээн... байсан ч гэсэн, хэчнээн... ч гэсэн

동사 및 형용사의 뒤에 연결되어 선행 동사의 조건이나 상황에 속하지 않고 후행 동사의 행위에 종속되는 의미를 나타낸다. 한국어의 '아무리 ~어/아도'에 대응된다.

Би хэчнээн завгүй байсан ч гэсэн өдөрт нэг цаг англи хэлээ давтдаг.
Хэчнээн хэцүү байсан ч гэсэн битгий шантраарай!
Би өчигдөр хэчнээн ядарч байсан ч гэсэн хийх ёстой даалгавраа дуусгаад унтсан.
Хэчнээн сайн таньдаг хүн байсан ч гэсэн хүндэтгэлтэйгээр харьцах хэрэгтэй.

3. 간접인용문(Хөндлөнгийн үгтэй өгүүлбэр)

제3자가 한 말 또는 문장을 화자의 문장으로 표현하여 인용한 문장을 간접인용문이라 한다. 현대몽골어에서 간접인용은 гэ-라고 하는 인용동사의 어근에 의해 표현된다. 본 인용동사가 평서문, 의문문, 명령문, 원망문에서 어떻게 활용되는지를 다음의 예들에서 확인할 수 있다.

(1) Хүүрнэх өгүүлбэр: 평서문

Найз маань намайг гэртээ хүлээж байна гэв.
친구가 나를 집에서 기다리겠다고 한다.
Болд үүнийг өөрийнхөө ном гэсэн.
철수가 이것을 자기 책이라고 했다.

(2) Асуух өгүүлбэр: 의문문

Найз маань маргааш юу хийх вэ гэж байна.
친구가 내일 무엇을 하느냐고 물었다.
Тэр хүн надаас өнөөдөр хэдэн бэ гэв.
그 사람이 나에게 오늘은 며칠이냐고 했다.

(3) Захирах өгүүлбэр: 명령문

Найз маань хурдан ир гэв.
친구가 빨리 오라고 했다.
Үдийн хоолоо идээд яв гэж байна.
점심을 먹고 가라고 한다.

(4) Хүсэх өгүүлбэр: 원망문

Тэр хүн надтай уулзъя гэжээ.
그 분이 저를 만나자고 했다.
Найз маань хамтдаа хоол идье гэж байна.
친구가 식사를 같이 하자고 한다.

듣기 연습

1. 다음 문장을 듣고 따라서 말하세요.

» Би ажлаа тармагцаа англи хэлний дамжаа руугаа явдаг.
» Би ажлаа тарангуутаа англи хэлний дамжаа руугаа явдаг.
» Намайг ажлаа тармагц тэр надтай уулзахаар ирнэ гэсэн.
» Намайг ажлаа тарангуут тэр надтай уулзахаар ирнэ гэсэн.

» Чи ажлаа тармагцаа над руу утсаар яриарай!
» Чи ажлаа тарангуутаа над руу утсаар яриарай!
» Чамайг ажлаа тармагц би яваад очно оо!
» Чамайг ажлаа тарангуут би яваад очно оо!

» Тэр ажлаа тармагцаа надтай уулзахаар ирсэн.
» Тэр ажлаа тарангуутаа надтай уулзахаар ирсэн.
» Түүнийг ажлаа тармагц бид хамтдаа кино үзэхээр явна.
» Түүнийг ажлаа тарангуут бид хамтдаа кино үзэхээр явна.

2. 다음 문장을 듣고 따라서 말하세요.

» Би хэчнээн завгүй байсан ч өдөрт нэг цаг англи хэлээ давтдаг.
» Би хэчнээн завгүй байсан ч гэсэн өдөрт нэг цаг англи хэлээ давтдаг.

» Түүнээс би хэчнээн их асуусан ч надад юу ч хэлээгүй.
» Түүнээс би хэчнээн их асуусан ч гэсэн надад юу ч хэлээгүй.

» Энэ ном хэчнээн хуучирсан ч үнэ цэнээ алдахгүй.
» Энэ ном хэчнээн хуучирсан ч гэсэн үнэ цэнээ алдахгүй.

» Үүнийг хэлэх надад хэчнээн хэцүү байсан ч яах ч арга байгаагүй.
» Үүнийг хэлэх надад хэчнээн хэцүү байсан ч гэсэн яах ч арга байгаагүй.

» Би түүнийг хэчнээн хүлээсэн ч тэр ирсэнгүй.
» Би түүнийг хэчнээн хүлээсэн ч гэсэн тэр ирсэнгүй.

3. 다음 문장을 듣고 따라서 말하세요.

» Тэр орой эрт ирэх байх гэнэ.
» Тэр орой эрт ирэх байх гэсэн.
» Тэр орой эрт ирэх байх гэв.
» Тэр орой эрт ирэх байх гэлээ.
» Тэр орой эрт ирэх байх гэх байх.

» Тэр орой эрт ирэх байх гэж би бодож байна.
» Тэр орой эрт ирнэ гэж хэлсэн үү?
» Тэр орой эрт ирнэ гэсэн үү?

» Тэр орой эрт ирж чадахгүй гэдгийн учир юу вэ?
» Тэр орой эрт ирж чадна гэдэгт би эргэлзэхгүй байна.
» Тэр орой эрт ирж чадахгүй гэдгийг би сайн мэдэж байна.
» Тэр орой эрт ирж чадах уу, үгүй юу гэдгээс шалтгаална.
» Тэр орой эрт ирж чадахгүй гэдэгтэй би санал нэг байна.
» Тэр үүнийг сайн хийж чадах уу, үгүй юу гэдгээр нь үнэлж болохгүй.

읽기 연습

1. 다음 문형을 읽어 보세요.

<table>
<tr><td rowspan="2">Аав
Багш
Чиний найз
Эмч
Тэр</td><td rowspan="2">юу</td><td>гэж</td><td>хэлсэн бэ?
асуусан бэ?
ярьсан бэ?
зөвлөсөн бэ?
анхааруулсан бэ?</td></tr>
<tr><td colspan="2">гэсэн бэ?
гэв?
гэнэ?
гэлээ?</td></tr>
</table>

<table>
<tr><td rowspan="2">Аав
Багш
Чиний найз
Эмч
Тэр</td><td rowspan="2">“Хичээлээ сайн хий!”
“Шалгалтандаа сайн бэлдээрэй!”
“Хүлээж байгаарай!”
“Сайн унтаж амар”
“Хагас бүтэн сайнд уулзъя!”</td><td>гэж</td><td>хэлсэн.
асуусан.
ярьсан.
зөвлөсөн.
анхааруулсан.</td></tr>
<tr><td colspan="2">гэсэн.
гэв.
гэнэ.
гэлээ.</td></tr>
</table>

2. 다음 문형을 읽어 보세요.

<table>
<tr><td>Чи
Болд
Ээж
Манай найз</td><td>намайг
чамайг
түүнийг
Туяаг</td><td>яа</td><td>гэсэн бэ?
гэж байна?
гэлээ?
гэнэ?
гэж хэлсэн бэ?</td></tr>
</table>

Би Болд Ээж Манай найз	чамайг намайг түүнийг Туяаг	"Эрт ирээрэй!" "Хүлээж байгаарай!" "Утсаар яриарай!" "Яриарай!" "Маргааш эрт ир!" "Маргааш дайраад гар!" "Гэртээ ирж хоолоо идээрэй!"	гэсэн. гэж байна. гэсэн шүү дээ. гэнэ. гэж хэлсэн.

3. 다음 문형을 읽어 보세요.

<table>
<tr><td colspan="2">Энд
Тэнд</td><td rowspan="2">юу гэж бичсэн байна?</td></tr>
<tr><td>Энэ
Тэр</td><td>ханан дээр
номон дээр
сонин дээр
самбар дээр</td></tr>
</table>

<table>
<tr><td colspan="2">Энд
Тэнд</td><td rowspan="2">"Гадны хүн орохыг хориглоно!"<br>"Тамхи татаж болохгүй!"<br>"Сур сур. Бас дахин сур!"<br>"Цаг агаар хүйтэрнэ."
"Монгол хэлний олимпиад болно"
"Өнөөдөр ус тасарна"</td><td rowspan="2">гэж бичсэн
байна.
гэсэн байна.</td></tr>
<tr><td>Энэ
Тэр</td><td>ханан дээр
номон дээр
сонин дээр
самбар дээр</td></tr>
</table>

4. 다음 문형을 읽어 보세요.

Та Чи Тэр	Намайг багшийг түүнийг Болдыг тэр хүнийг	хүлээж бай хүрээд ир ирж уулз орой уулзъя хамт хоол идье	гэвэл	хүлээх үү? хүрч ирэх үү? ирж уулзах уу? уулзах уу? идэх үү? зөвшөөрөх үү? яах уу?

Би Тэр	Чамайг багшийг түүнийг Болдыг тэр хүнийг	хүлээж бай хүрээд ир ирж уулз орой уулзъя хамт хоол идье	гэвэл	хүлээнэ. хүрч ирнэ. ирж уулзана. уулзана. иднэ. зөвшөөрнө. зөвшөөрөхгүй. чадахгүй.

Би Тэр	Чамайг багшийг түүнийг Болдыг тэр хүнийг	хүлээж бай хүрээд ир ирж уулз орой уулзъя хамт хоол идье	гэсэн ч	хүлээхгүй. хүрч ирэхгүй. ирж уулзахгүй. уулзахгүй. идэхгүй. зөвшөөрөхгүй. чадахгүй.

5. 다음 문형을 읽어 보세요.

Аавыг ирэнгүүт ээж явлаа.
Гэрэл унтрангуут кино гарч эхэллээ.
Түүнийг хэлэнгүүт саналаа.
Бид улирлын шалгалт дуусангуут нутаг руугаа буцсан.
Тэр гаднаас орж ирэнгүүтээ гараа угаачхаад даалгавраа хийхээр суусан.
Болд өглөө сэрэнгүүтээ гар утас руугаа гараа явуулсан.

Аавыг ирмэгц ээж явлаа.
Гэрэл унтармагц кино гарч эхэллээ.
Түүнийг хэлмэгц саналаа.
Бид улирлын шалгалт дуусмагц нутаг руугаа буцсан.
Тэр гаднаас орж ирмэгцээ гараа угаачхаад даалгавраа хийхээр суусан.
Болд өглөө сэрмэгцээ гар утас руугаа гараа явуулсан.

추가 어휘

арьсан эдлэл	가죽 제품
дугуйлан	동아리
угаасаа	원래, 애초부터
хэд хоногийн өмнө	며칠 전에
даан ч	전혀, 아무리
шалтаг	핑계
эрмэлзэх	노력하다
орой үдшийн цаг	저녁 시간
дамжаа	학원
төвөггүй	어렵지 않게, 쉽게
шалгуур	기준, 요구
идэвхтэй	활발하게, 적극적으로
шаардах	요구하다
уралдаант шалгаруулалт	선발 대회
авьяасаа хөгжүүлэх	재능 계발

쓰기 연습

1. 아래의 내용을 번역해 보세요.

(1) 다음 내용을 한국어로 번역하세요.

Хүмүүсийн хобби сонирхлыг насны ангиллаар авч үзэх юм бол арваад насныхан буюу дунд ахлах сургуулийн сурагчид "Хөгжим сонсох хамгийн их дуртай" гэжээ. Харин хориод насны оюутан залуучууд аль болох өөрийгөө хөгжүүлэх тал дээр багагүй цагийг зарцуулдаг байна. Тэд өөрийнхөө орохыг хүсэж байгаа ажил мэргэжилтэй холбоотойгоор өөрийгөө хөгжүүлж, мэдлэг мэргэжил олж авахад анхаарлаа хандуулдаг. Өөрөөр хэлбэл, өөрийнхөө ирээдүй, өмнөө тавьсан зорилгод хөрөнгө оруулдаг гэж хэлж болно.

(2) 다음 내용을 몽골어로 번역하세요.

당신의 취미는 무엇입니까? 설마 취미가 없는 것이 남다른 경쟁력이라 생각하는 것은 아니겠지요? 취미가 쉬고, 잠자고 먹는 것은 아니어야 합니다. 지금 취미가 없다면 다양하게 경험을 해보고 자신에게 맞는 취미를 개발하길 권합니다. 취미생활이란 또 하나의 일이 아닌 일과 삶 속에서 활력소 역할을 해줄 뿐 아니라 정신건강과 육체적 건강을 유지해주는 에너지원이기도 합니다.

2. 취미생활에 대하여 글을 써 보세요. 먼저 다음 내용을 읽어 보세요.

(1) Таны хобби юу вэ? Та чөлөөт цагаараа юу хийх дуртай вэ?
Миний хобби гэвэл аялалаар явах. Өвөл, зуныхаа амралтаараа юм уу, аль эсвэл зав чөлөө гарсан үедээ аялалд гарах дуртай.

(2) Аялал аялалын дундаас ямар төрлийн аялалд дуртай вэ?
Би үүргэвчтэй аялалд дуртай. Үүргэвчтэй аялал надад хамгийн сонирхолтой байдаг. Бас нөгөө талаар, хямд зардлаар өөрийнхөө хүссэн газраар аялах боломжтой байдаг.

(3) Үүргэвчтэй аялалаар явах хэцүү биш үү?
Мэдээж амаргүй аялал байдаг. Гэхдээ би өөрийгөө сорих дуртай. Очиж үзээгүй шинэ газар очиж үзэн, тухайн орны хүмүүсийн амьдрал ахуйтай танилцахын зэрэгцээ адал явдалтай учирч өөрийнхөө хүчийг сорихыг хүсдэг.

(4) Таны хувьд хобби гэж чухам юу вэ? Хүн бүхэн өөр өөрийн гэсэн хоббитой байдаг. Хүн өөрийн хийх дуртай зүйлээсээ урам зориг, эрч хүч авч өөрийнхөө амьдралыг улам сонирхолтой, үр дүнтэй болгодог зүйл бол хобби сонирхол гэж бодож байна.

(5) 위에 메모한 내용을 바탕으로 취미생활에 대하여 글을 써 보세요

3. '취미가 뭐예요?' 다음 질문에 대해 간단하게 메모해 보고 그 내용을 바탕으로 글을 작성해 보세요.

(1) Таны хобби юу вэ? Та чөлөөт цагаараа юу хийх дуртай вэ?

(2) Та яагаад энэ зүйлд дур сонирхолтой болсон бэ? Үүнийг хийснээр танд ямар ач холбогдол бий болсон бэ?

(3) Энэ хобби сонирхлоо хөгжүүлснээр танд ямар үр дүн, дэвшилттэй зүйл бий болсон бэ?

(4) Хобби сонирхолтой холбоотой таны цаашдын төлөвлөгөө юу вэ?

(5) Хобби сонирхлоо хөгжүүлэх талаар бусад хүмүүст юу гэж зөвлөмөөр байна вэ?

(6) 위에 메모한 내용을 바탕으로 글을 써 보세요.

말하기 연습

1.

- Болд оо! Чи ажлаа тараад оройн цагаар юу хийдэг вэ?
- Би ойрд ажил тарсныхаа дараа арьсан эдлэлийн дугуйланд яваад жаахан завгүй байна.
- Арьсан эдлэлийн дугуйлан гэнэ ээ? Юу хийж сурах гэж байгаа юм?
- Би угаасаа арьсаар янз бүрийн юм хийх сонирхолтой байсан юм. Тэгээд хэд хоногийн өмнө интернэтээр хайж байгаад арьсан эдлэлийн дугуйлан хичээллэдэг тухай мэдсэн юм. Тэгээд л ажлаа тарангуут тийшээ очоод арьсан эдлэл яаж хийх талаар сурч байгаа юм.
- Чи мундаг юм аа. Би ч гэсэн өөрийнхөө хобби сонирхлыг бага ч гэсэн хөгжүүлж энэ тэр юм сурах юм сан. Даан ч зав гарахгүй юм.
- Зав гарахгүй юм гэдэг чинь ч шалтаг байх аа.

2.

- Монгол оюутан залуус чөлөөт цагаараа юу хийж өнгөрүүлдэг вэ?
- Сүүлийн үеийн залуусыг хараад байхад тэд өөрийгөө хөгжүүлэхийг эрмэлзэх болсныг харж болохоор байна. Хагас бүтэн сайнд юм уу, орой үдшийн цагаар төрөл бүрийн сургалт дамжаанд явж буй залуусыг төвөггүй харж болно. Нийгэм хөгжиж, ажлын байрны шалгуур өндөр болсноор тэднээс улам бүр идэвхтэй амьдралыг шаардаж байна.

3.

- Туяа аа! Чи энэ аппликейшныг үзээч! Их зүгээр юм байна.
- Алив үзье. Хөөх тийм байна. Дажгүй юм байна. Энийг чинь би татаад авчихъя. Ямар үнэтэй юм?
- Сарын гурван мянган төгрөг гэнэ ээ. Би дуу сонсох дуртай болохоор надад бол ёстой хэрэгтэй эд байна.
- Би ч гэсэн дуу сонсох дуртай. Бас дуулах дуртай. Тэгээд энэ удаагийн NTV-ийн уралдаант шалгаруулалтад орох бодолтой байгаа. Энэ авьяасаа цааш нь хөгжүүлж чадвал би дуучин болж чадах ч юм билүү?
- Тийм шүү. Үнэхээр сайхан санаа байна. Чамд амжилт хүсье.

단원 평가

1. 빈칸에 가장 알맞는 것을 고르세요.

(1) **А:** Чи яасан их уддаг юм бэ?

Б: Гарах гэсэн чинь ________ олдоггүй.

① түлхүүрээ хайж ② түлхүүрээ хайвал

③ түлхүүрээ хайнгаа ④ түлхүүрээ хайгаад

(2) **А:** Тэр одоо юу хийж байна?

Б: Цайгаа ________ ажилдаа явах бэлтгэлээ хийж байх шиг байна.

① уумагц ② уувал

③ уунгаа ④ уусан

2. 다음을 읽고 물음에 답하세요.

Сүүлийн үед өөрөө гэрийнхээ тавилгыг хийдэг хүн олон болсон байна. Гарын доорх материал ашиглан, амар хялбар байдлаар хэрхэн тавилга хийж болох тухай төрөл бүрийн бичлэгүүдийг интернэтээс төвөггүй хайж олж болно. Зав цагтаа үедээ гэр бүлийнхэнтэйгээ, хүүхдүүдтэйгээ хамт гэрийнхээ тавилгыг хийх нь гэр бүлд халуун дулаан уур амьсгал бүрдүүлэхэд ч их нөлөөтэй. (㉠) хүүхдүүдийн сэтгэн бодох чадварыг хөгжүүлэхэд их тус болдог байна.

(1) (㉠)에 가장 알맞은 것을 고르세요.

① Тэртэй тэргүй ② Ямар ч байсан

③ Яагаад гэвэл ④ Ялангуяа

(2) 글의 내용과 같은 것을 고르세요.

① Гэрийнхээ тавилгыг өөрөө хийх нь тийм амархан юм биш.

② Гэрийн тавилгыг хүүхдүүд өөрсдөө хийж чадна.

③ Гэрийн тавилга хийж байхдаа бичлэг хийж интернэт дээр тавьдаг.

④ Сүүлийн үед гэрийнхээ тавилгыг шууд гэртээ хийж хэрэглэдэг болжээ.

MEMO

03 Хувь хүний зан чанар
성격

학습목표

1. 개인의 성격 관련 표현 익히기
2. 몽골어의 재귀대명사 익히기
3. 몽골어의 상호대명사 익히기

1. 사람의 성격 관련 표현에는 어떤 것이 있습니까?
2. 몽골어의 재귀대명사에는 어떤 형태들이 있습니까?

어휘 및 표현

ажиглах	살펴보다, 관찰하다
амжилтад хүрэх	성공하다, 성공에 이르다
байр суурийг нь сонсох	입장을 듣다
бүрэг ичимхий	내성적인
дотны хүмүүс	친근한 사람, 가까운 사람, 절친
дуу цөөтэй	말이 없는, 과묵한
жаргалтай харагдах	행복해 보이다
зан зангаа авалцах	서로 간의 성격을 알게 되다
зан чанар	인성, 성격, 기질
зүйр цэцэн үг	속담
манлайлагч	리더, 인솔자, 반장
мэргэжил эзэмших	전문적 기술을 습득하다
нийгмийн харилцаа	사회적 관계
нүүрэмгий	뻔뻔한, 뻔뻔스러운, 후안무치의
нээн гаргах	발견하다, 눈을 뜨다, 새롭게 열다
нягт	세밀한, 빽빽한, 꼼꼼한, 세심한
ойр дотны хүмүүс	친밀한 사람들, 가까운 사람들
оновчтой тодорхойлох	분명히 하다, 드러내다, 구체적으로 밝히다
онцлог	특성, 특징
сонгон шалгаруулах	선발하다
сэргэлэн цовоо	재치 있는, 뛰어난, 총명한, 명랑한
таарч тохирох	적합하다
тодорхойлох	밝히다, 규명하다, 명백히 하다
тохирох	조절하다, 조정하다
ур чадвар	재기, 재능, 솜씨, 기술, 능력
урсгалаараа амьдрах	똑같은 일상, 천편일률적인 일상
үзэл бодол	사고, 사상
үр шим	결실, 효과, 효율, 효능
хандлага	태도, 자세
хүндэтгэж харьцах	존대하다, 대우하다, 예우하다
хүндэтгэх	존대하다, 존경하다, 대우하다, 예우하다
шалгуур	기준, 요건, 척도
шилдэг ажилтан	우수 근로자, 우수한 일꾼, 뛰어난 사무원(직원)

본문

Хувь хүний зан чанар

"Хүн болгон адилгүй, Хүлэг болгон жороогүй" гэсэн монгол ардын зүйр цэцэн үг байдаг. Энэ бол хүн бүр өөр өөрийн зан чанартай, онцлогтой гэсэн үг юм. Тиймээс хүмүүс өөр хоорондоо таарч тохирох үе байхад, бас бие биетэйгээ зан зангаа авалцахгүй үе ч гардаг. Гэхдээ хүн бусдыг ямагт хүндэтгэж, байр суурийг нь сонсож байх хэрэгтэй. Чи бусдыг хүндэтгэж харьцвал тэдгээр хүмүүс ч гэсэн чамайг хүндэтгэж хайрлах болно.
Хувь хүн өөрийнхөө ямар зан чанартайг тодорхойлж, өөрийнхөө болон бусад хүний "хувийн зан чанар"-ыг зөв таньж чадсанаар нийгмийн харилцаанд амжилт гаргах тохиолдол их бий. Тухайлбал, амжилтад хүрсэн манлайлагчид шилдэг ажилтныг сонгон шалгаруулж авах гол шалгуурын нэг бол тухайн хүний "хувийн зан чанар"-ыг зөв тодорхойлох гэсэн байна. Тэр ч утгаараа хувь хүний аливаад хандах хандлага, үзэл бодол нь тухайн хүний өөрийнх нь зан чанартай нягт холбоотой байдаг байна. Хувийн зан чанарыг зөв тодорхойлж чадсанаар тухайн хүний ур чадварыг нээн гаргах, хөгжүүлэх, үр шимийг хүртэх үндэс болдог.

대화 1

Туяа Болд оо, чи өөрийгөө ямар зантай хүүхэд гэж боддог вэ?
Болд Би өөрөө өөрийгөө дуу цөөтэй, бүрэг ичимхий гэж боддог.
Туяа Тийм үү? Чи бид хоёр огт өөр өөр зантай юм байна шүү дээ. Би бол нүүрэмгий, сэргэлэн цовоо зантай.
Болд Тэгвэл хүмүүстэй амархан найзалдаг байх аа.
Туяа Тийм шүү. Тийм болохоор ч тэр юм уу би олон найзтай.
Болд Би ч гэсэн чам шиг нүүрэмгий байж сурах юм сан.
Туяа Гэхдээ хүн өөрөө өөрийнхөөрөө л байсан нь дээр шүү дээ.

대화 2

Болд Туяа! Чи юунд дуртай вэ? Цаашдаа ямар мэргэжил эзэмшиж ямар хүн болно гэж боддог вэ?

Туяа Би юу?... Сайн мэдэхгүй байна аа. Ер нь би өөрийгөө яг юунд дуртайг сайн мэддэггүй юм аа.

Болд Өөрийгөө сайн мэддэггүй гэнэ ээ? Гэхдээ чамд ямар нэгэн зорилго, хийхийг хүсдэг зүйл байдаг биз дээ?

Туяа Байх нь ч байдаг л даа. Гэхдээ би нэг л урсгалаараа яваад(амьдраад) байгаа юм шиг санагддаг. Яг сайн хэлж мэдэхгүй байна.

Болд Тэгвэл хамгийн түрүүнд өөрийнхөө юунд дуртай, юунд сонирхолтой, өөрийн чинь зан чанар ямар ажилд тохирох, тэгээд тэр ажлыг хийж чадах чадвартай юу үгүй юу гэдгээ сайн бодох хэрэгтэй. Тэгээд хэрэгтэй бол сурч судалж өөрийгөө хөгжүүлэх нь хамгийн зөв арга байж магадгүй.

대화 3

Туяа Би өөрийнхөө юунд дуртай, ямар ажил надад тохирохыг хэрхэн яаж мэдэж болох бол?

Болд Ийм нэг арга байдаг. Би чамд хэлж өгье.
Нэгдүгээрт, хамгийн сүүлд ямар ном уншсан бэ? Бүр шимтэн уншсан ямар ном байна? Яагаад үүнийг чамаас асууж байна гэхээр хүн ямар ном уншиж байгаагаар нь тухайн хүн юунд сонирхолтой, юунд дуртай болохыг хамгийн оновчтой тодорхойлж болдог гэнэ. Өөрөөр хэлбэл, ямар ч хүн өөрийнхөө дуртай зүйлийн талаар сонирхож, тухайн зүйлийнхээ талаар илүү ихийг мэдэхийг хүсдэг бөгөөд энэ нь улмаар ном уншиж, судлахад хүргэдэг байна.

Туяа Тэр ч тийм юм шиг байна шүү.

Болд Хоёрдугаарт, гэртээ юм уу өөр хаа нэгэн газар зав чөлөөтэй байхдаа чи юу хийж оролддог вэ? Бүр гав ганцаараа байхдаа юу хийдэг, ямар зүйл боддог, ямар зүйл оролддог вэ? Үүгээр нь ч бас тухайн хүний дур сонирхол, зан чанарыг тодорхойлж болдог гэнэ.

Туяа Харин ээ. Би юу хийдэг билээ, байз? Нэг бодоод үзье.

Болд Гуравдугаарт, хамгийн ойр дотны хүмүүс, тухайлбал, аав ээжээсээ, найз нөхдөөсөө, багш нараасаа чи өөрийгөө ямар хүн гэж харагддагийг нэг сайн асуугаад үзээрэй. Жишээлбэл, ямар зүйл хийхийг дурладаг ч юм уу, ямар зүйл хийж байхдаа хамгийн жаргалтай харагддаг гэдгээ сайн асуугаад үзээрэй. Чи өөрөө өөрийгөө юунд дуртайг сайн мэдэхгүй байж болох ч гэсэн чиний эргэн тойрны, хамгийн дотны хүмүүс чинь чамаас илүү чамайг сайн мэдэж, чамайг илүү сайн ажигласан байж болно шүү дээ.

Туяа Харин наадах чинь их сайхан санаа байна. Баярлалаа! Би гэрийнхнээсээ асуугаад үзнэ ээ.

문법설명

1. 지속연결어미(Үргэлжлэн холбох нөхцөл) -саар/-сээр/-соор/-сөөр

동사 어간에 '지속연결어미(үргэлжлэн холбох нөхцөл) -саар[4]'를 연결하여 다음과 같은 의미를 나타낸다.

(1) 어떤 동작이나 상태가 계속 됨을 나타내거나 오랫동안 계속 되고 있었음을 나타낸다. (~하고 있는)

Шөнийн 12 цаг өнгөрсөн боловч Дорж номоо уншсаар байлаа.
Намайг энд суусаар байтал тэшүүрийн тэмцээн болоод дуусжээ.
Тэр хоёр хүн явсаар нэг байшингийн үүдэнд очлоо.
Бид зургаадугаар сарын нэгэн болтол хичээлээ хийсээр байв.

(2) '선행연결어미(урьдчилан холбох нөхцөл) ~аад[4]'와 같이 어떤 동작이나 상태가 발생한 후에 다른 동작, 상태가 발생한 것을 나타내기도 한다. (~하고, ~한 지, ~한 이래)

Би Улаанбаатарт ирсээр 3 жил боллоо.
Би Улаанбаатарт ирээд 3 жил боллоо.
Миний ах хөдөө явсаар 10 гаруй хонож байна.
Миний ах хөдөө яваад 10 гаруй хонож байна.
Манай хичээл эхэлсээр нэг долоо хоног өнгөрлөө.
Манай хичээл эхлээд нэг долоо хоног өнгөрлөө.

2. 재귀대명사(Өөрийн төлөөний үг)

재귀대명사는 동작주가 목적어로 쓰여 주어 자신을 나타낼 때 사용하는 대명사로 몽골어에서는 өөрөө라고 하는 대명사를 주로 사용한다. 재귀대명사는 2, 3인칭의 동작주 자신을 대신하여 나타낼 수 있다. 현대몽골어의 재귀대명사는 다음과 같은 문법적 특징을 갖는다.

(1) 실명사의 수(단수, 복수), 격조사어미, 일반재귀어미 및 인칭재귀어미와 짝을 이룬다.

Өөрөө (ганц тоо)			өөрсдөө (олон тоо)	
Тийн ялгал	Өөрөө өгүүлэхүүнийг төлөөлж байвал	өөрөө	Өөрсдөө өгүүлэхүүнийг төлөөлж байвал	өөрсдөө
Нэрлэх	өөрөө	өөрөө	өөрсдөө	өөрсдөө
Харьяалах	өөрийнхөө	өөрийнх(нь)	өөрсдийнхөө	өөрсдийнх нь
Өгөх орших	өөртөө	өөрт нь	өөрсдөдөө	өөрсдөд нь
Заах	өөрийгөө	өөрийг нь	өөрсдийгөө	өөрсдийг нь
Гарах	өөрөөсөө	өөрөөс нь	өөрсдөөсөө	өөрсдөөс нь
Үйлдэх	өөрөөрөө	өөрөөр нь	өөрсдөөрөө	өөрсдөөр нь
Хамтрах	өөртэйгөө	өөртэй нь	өөрсөдтэйгөө	өөрсөдтэй нь
Чиглэх	өөр лүүгээ	өөр лүү нь	өөрсөд лүүгээ	өөрсөд лүү нь

(2) 3인칭 동작주 자신을 나타낸다.

(Би) өөрөө явъя.
(Чи) өөрөө мэдээрэй.
(Тэр) өөрөө мэдэг гэх мэт.

(3) 재귀대명사에 양태첨사(문미첨사)가 붙어 뜻을 강조하거나 '확인, 단언, 주지' 등의 다양한 의미를 나타낸다.

Та өөрөө л мэд.
Тэр өөрөө л мэднэ гэх мэт.
Би өөрөө ч мэдэхгүй байна шүү.
Тэр өөрөө ч мэдээгүй яваа байх даа.

3. 상호대명사(Хам төлөөний үг)

현대몽골어에 공동 또는 상호 관계의 의미를 나타내는 두 가지 형태의 상호대명사가 사용되고 있다. 이들 대명사는 다음의 구조를 갖는다.

БИЕ БИЕ + 격어미 + 일반재귀어미 -аа[4]
НЭГ НЭГ + 격어미 + 일반재귀어미 -аа[4]

(1) БИЕ БИЕ

Бие биеийнхээ	Бид бие биеийнхээ ажилд үргэлж тусладаг.
Бие биедээ	Та нар бие биедээ туслаж бай.
Бие биеэ	Тэр хоёр бие биеэ сайн танина.
Бие биеэсээ	Энэ тухай бие биеэсээ асуусан.
Бие биеэрээ	Бие биеэрээ гарын үсэг зуруулсан.
Бие биетэйгээ	Бие биеэрээ зөвлөх хэрэгтэй.
Бие бие рүүгээ	Хүүхдүүд бие бие рүүгээ цас шидсэн.

(2) НЭГ НЭГ

Нэг нэгнийхээ	Бид нэг нэгнийхээ ажилд үргэлж тусалдаг.
Нэг нэгэндээ	Та нар нэг нэгэндээ тусалж бай.
Нэг нэгнээ	Тэр хоёр нэг нэгнээ сайн танина.
Нэг нэгнээсээ	Энэ тухай нэг нэгнээсээ асуусан.
Нэг нэгнээрээ	Нэг нэгнээрээ гарын үсэг зуруулсан.
Нэг нэгэнтэйгээ	Нэг нэгэнтэйгээ зөвлөх хэрэгтэй.
Нэг нэг рүүгээ	Хүүхдүүд нэг нэг рүүгээ цас шидсэн.

듣기 연습

1. 다음 문장을 듣고 따라서 말하세요.

» Гадаа цас орсоор байна.
» Гадаа цас орсоор л байна.
» Солонгосоос хүмүүс ирсээр байна.
» Солонгосоос хүмүүс ирсээр л байна.
» Бид ажлаа хийсээр байна.
» Бид ажлаа хийсээр л байна.

» Бид яван явсаар нэгэн айлын гадаа ирэв.
» Би маргааш хийх ажлаа бодон бодсоор олигтой унтаж ч чадсангүй.
» Тэр энэ шүлгийг дахин дахин уншин уншсаар бүр цээжилчихжээ.

» Суусаар байгаад миний нуруу өвдчихлөө.
» Бичсээр байгаад гар минь цуцав.
» Бодсоор байгаад толгой бүр өвдчихлөө.

» Хуурсаар хуурсаар худалч болно.
» Хумсалсаар хумсалсаар хулгайч болно.

» Би монгол хэл сурч эхэлсээр нэг жил болжээ.
» Би монголд ирж амьдарсаар таван жил боллоо.

2. 다음 문장을 듣고 따라서 말하세요.

» Би өөрөө энэ ажлыг дуусгаж чадна.
» Би өөрөө өөрийнхөө хийж байгаа ажилд хариуцлага хүлээх болно.
» Тэр өөрөө өөртөө амлалт өгсөн.
» Бид өөрөө өөрийгөө хэн болох вэ гэдгийг одооноос бодох хэрэгтэй.
» Энэ бүхнийг би өөрөө өөрөөсөө дахин дахин асуусан.
» Бид өөрөө өөрөөрөө бахархаж байна.
» Бүх зүйлийг өөрөө өөртэйгөө харьцуулж үзэх хэрэгтэй.
» Тэр түүнийг өөрөө өөр лүүгээ улам ойртуулсан.

3. 다음 문장을 듣고 따라서 말하세요.

» Бид бие биеийнхээ тухай үргэлж сураг ажиг тавьж байдаг.
» Тэд бие биедээ туслан сургуулиа амжилттай төгсөв.
» Бид бие биеэ сайн мэдэхгүй ч гэсэн хоёр биедээ сайн итгэж байлаа.
» Тэд бие биеэрээ үргэлж бахархаж байдаг.
» Бид бие биеэсээ үргэлж тусламж авч байдаг.
» Цаашид бие биетэйгээ улам ойртох нөхөрлөх болно.
» Тэд бие бие рүүгээ харц чулуудав.

읽기 연습

1. 다음 문형을 읽어 보세요.

Тэр одоо болтол хичээлээ хийсээр л сууна.
Гадаа бороо орсоор л байна.
Баатар гуай намайг дуудсаар гүйж ирэв.
Хуурсаар хуурсаар худалч, Хумсалсаар хумсалсаар хулгайч.
Тэр монгол найзуудтайгаа хамт байсаар байгаад одоо монголоор овоо сайн ярьдаг болсон.
Би өдөржин энд суусаар байгаад бүр ядарчихлаа.
Бид хоёр танилцсаар арваад жил өнгөрчээ.

2. 다음 문형을 읽어 보세요.

Би	(өөрөө)	өөрийнхөө	тухай бодож байна. юу хийж байгаа сайн мэдэж байна. алдааг зассан. дуртай хоолыг хийв.
		өөртөө	амлаж байна. хувцас худалдаж авлаа. амттай сайхан хоол хийж идэв.
		өөрийгөө	сайн мэдэхгүй. байнга хөгжүүлж байдаг. шалгаж үзлээ.
		өөрөөсөө	асуусан. уучлал гуйсан. ичиж байна. илүү ихийг шаарддаг.
		өөрөөрөө	бахархаж байна. байх дуртай. байхыг хичээдэг.
		өөртэйгөө	дандаа ярьдаг. тооцоо бодсон. харьцуулж үзэв.
		өөр лүүгээ	мэйл бичсэн. дөхүүлж тавьсан.

3. 다음 문형을 읽어 보세요.

<table>
<tr><td rowspan="14">Би</td><td rowspan="14">(өөрөө)</td><td>өөрийн</td><td>чинь</td><td rowspan="2">тухай бодож байна.
юу хийж байгаа сайн мэдэж байна.
алдааг зассан.
дуртай хоолыг хийв.</td></tr>
<tr><td>өөрийнх</td><td>нь</td></tr>
<tr><td rowspan="2">өөрт</td><td>чинь</td><td rowspan="2">амлаж байна.
хувцас худалдаж авлаа.
амттай сайхан хоол хийж идэв.</td></tr>
<tr><td>нь</td></tr>
<tr><td rowspan="2">өөрийг</td><td>чинь</td><td rowspan="2">сайн мэдэхгүй.
байнга хөгжүүлж байдаг.
шалгаж үзлээ.</td></tr>
<tr><td>нь</td></tr>
<tr><td rowspan="2">өөрөөс</td><td>чинь</td><td rowspan="2">асуусан.
уучлал гуйсан.
ичиж байна.
илүү ихийг шаарддаг.</td></tr>
<tr><td>нь</td></tr>
<tr><td rowspan="2">өөрөөр</td><td>чинь</td><td rowspan="2">бахархаж байна.
байх дуртай.
байхыг хичээдэг.</td></tr>
<tr><td>нь</td></tr>
<tr><td rowspan="2">өөртэй</td><td>чинь</td><td rowspan="2">дандаа ярьдаг.
тооцоо бодсон.
харьцуулж үзэв.</td></tr>
<tr><td>нь</td></tr>
<tr><td rowspan="2">өөр лүү</td><td>чинь</td><td rowspan="2">мэйл бичсэн.
дөхүүлж тавьсан.</td></tr>
<tr><td>нь</td></tr>
</table>

4. 다음 문형을 읽어 보세요.

Бид Тэд	бие биеийнхээ нэг нэгнийхээ	ажилд үргэлж тусалдаг. ажил хэрэгт оролцдоггүй. занг сайн мэднэ.
	бие биедээ нэг нэгэндээ	хэрэгтэй зүйл байвал үргэлж тусалдаг. саад болохгүйг хичээдэг. гомдсон.
	бие биеэ нэг нэгнээ	сайн танина. гомдоохгүйг үргэлж хичээдэг. харалгүй өнгөрчихжээ.
	бие биеэсээ нэг нэгнээсээ	энэ тухай асуусан. уучлалт гуйсан. хэрэгтэй зүйл байвал авч хэрэглэдэг.
	бие биеэсээ нэг нэгнээрээ	үргэлж бахархдаг. тоглоом хийсэн.
	бие биетэйгээ нэг нэгэнтэйгээ	үргэлж харилцаатай байдаг. дандаа утсаар ярьдаг. дараа уулзахаа тохиров.
	бие бие рүүгээ нэг нэгэн рүүгээ	гайхан харсан. дөхөж суув.

추가 어휘

ажилсаг	부지런하다
азаа үзэх дуртай	운을 시험하는 것을 좋아하다
амархан сэтгэлээр унадаг	쉽게 낙심하다, 쉽게 좌절하다
амархан шантардаг	쉽게 용기를 잃다, 쉽게 낙심하다
баяр баясгалантай	기쁘게, 즐겁게, 희락이 넘치는
бусдыг уриалан зохион байгуулах чадвартай	타인을 기쁘게(즐겁게) 하는 능력
гомдомтгой	잘 삐지는, 불평불만이 많은
дуулгавартай хүлцэнгүй	순종적인, 인내심이 많은
зөрүүд	고집 센
ичимхий бүрэг	매우 수줍어하다
нийтэч	사교적인, 붙임성 있는
нямбай	꼼꼼한
омогтой огцом уууртай	교만하고 화를 잘 내는
өнгөц хийсвэр	경박한, 가벼운
өрөвчхөн эмзэг уян сэтгэлтэй	동정심이 많은
санаачилгатай	창의적인
сониуч	호기심이 많은
тууштай	끈기가 있는
тэвчээргүй	인내심이 약한
тэсвэртэй	참을성이 많은, 인내심이 많은
уриалгахан	친절한 , 상냥한
уууртай	화를 잘 내는
хөгжилтэй	쾌활한, 명랑한
хүлээцтэй	참을성이 많은, 인내심이 많은
хэрүүлч зодоонч	말싸움을 좋아하는
цовоо сэргэлэн	활달한, 명랑한
шийдэмгий	단호한, 결단성이 있는
шинэ зүйлд дасахдаа удаан	새로운 것에 적응이 느린
шинэ зүйлийг хурдан хүлээн авдаг	새로운 것에 적응이 빠른,
шинэ нөхцөлд түргэн дасдаг	새로운 상황에 적응이 빠른
юманд ул суурьтай ханддаг	어떤 일이던 심도있게 대하는

쓰기 연습

1. 아래의 내용을 번역해 보세요.

(1) 다음 내용을 한국어로 번역하세요.

Бусдын үгийг хүлээцтэй сонсож чадах чадвар бол хамгийн чухал зүйлийн нэг гэж хэлж болно. Хүлээцтэй даруу байж, өөрт хэрэгтэй шүүмж хэлсэн нэгний үгийг шүүн тунгааж өөрт хэрэгтэйг авч үлдэн амьдралдаа сургамж болгож чадах нь хамгийн ухаалаг зан юм. "Үнэн үг хэдий хатуу ч явдалд тустай" гэдэг. Бусдын шүүмжлэлд хэт эмзэглэн сэтгэлээр унах хямрах өөрт л муугаар тусдаг. Хэн нэгний хэлсэн шүүмжийг заавал буруу талаас нь харж гутарч гомдоллож суух биш эргээр хүлээн авч дотроо тунгааж үзвэл ямар нэгэн байдлаар буруу үйлээ засахад хэрэг болно.

(2) 다음 내용을 몽골어로 번역하세요.

혈액형에 따라 성격이 다르다고 합니다. 예를 들어, A형은 책임감이 강하고 힘든 일을 잘 참는 편입니다. 그리고 행동하기 전에 계획을 잘 세우고 오래 생각합니다. A형은 내성적인 경우가 많습니다. 그래서 싫어도 싫다고 솔직하게 말하지 못할 때가 많습니다. 다른 사람 때문에 스트레스를 잘 받습니다.

2. 개인의 성격에 대하여 글을 써 보세요. 먼저 다음 내용을 읽어 보세요.

(1) Та өөрийгөө ямар зан чанартай хүн гэж боддог вэ?
Би нийтэч зантай. Бас бусдыг уриалан зохион байгуулах чадвар сайтай, бас тууштай, бусдын үгийг сайн сонсож чаддаг гэж өөрийгөө боддог. Тийм ч болохоор, би их сургуульд суралцах хугацаандаа ангийн даргын үүрэгт ажил хийж байна.

(2) Таны хувийн зан чанар дундаас хамгийн сайн чанар нь юу вэ? Яагаад тэгж бодож байна вэ?
Миний хувьд, бусдыг сайн сонсож ойлгохыг хичээдэг тал маань миний хамгийн сайн чанар гэж боддог. Бусдыг сонсож, тэр хүний үзэл бодлыг хүндэтгэж чадсанаар эргээд тэр хүн ч гэсэн намайг хүндэтгэж харьцана гэж боддог. Улмаар орчин үеийн нийгэмд хамгийн сайн дасан зохицож чадах зан чанар гэж бодож байна.

(3) Таны хувийн зан чанар дундаас хамгийн дутагдалтай чанар нь юу вэ? Яагаад тэгж бодож байна вэ?
Миний дутагдалтай тал гэвэл, буруу зүйлтэй эвлэрч чаддаггүй, хүний алдаа дутагдлыг шулуухан хэлж орхидог зан гэж болно. Хүмүүс бусад хүмүүсийн шүүмжлэлд хэт эмзэг ханддаг болохоор зарим хүмүүс надад гомдох, надаас зай барих тал ажиглагддаг.

(4) Та өөрийнхөө дутагдалтай талыг засахын тулд юу хийх хэрэгтэй гэж бодож байна вэ? Ингэснээр ямар өөрчлөлт гарна гэж бодож байна?
Хүмүүстэй нийцтэй, харилцан ойлголцож амьдрахын тулд мэдээж энэ дутагдалдаа дүгнэлт хийх хэрэгтэй. Цаашдаа хүмүүсийг шуудхан шүүмжлэхээсээ илүүтэйгээр алдаа дутагдалыг нь тайлбарлан ойлгуулах тал дээр илүү анхаарах хэрэгтэй гэж бодож байна. Ингэснээрээ хүмүүст эвгүй байдал төрүүлэхгүйгээр өөрийнхөө үзэл бодлыг илэрхийлж, ойлгуулж чадна байх гэж итгэж байна.

(5) 위에 메모한 내용을 바탕으로 취미생활에 대하여 글을 써 보세요

3. '나의 성격' 다음 질문에 대해 간단하게 메모해 보고 그 내용을 바탕으로 글을 작성해 보세요.

(1) Та өөрийгөө ямар зан чанартай хүн гэж боддог вэ?

(2) Таны хувийн зан чанар дундаас хамгийн сайн чанар нь юу вэ? Яагаад тэгж бодож байна вэ?

(3) Таны хувийн зан чанар дундаас хамгийн дутагдалтай чанар нь юу вэ? Яагаад тэгж бодож байна вэ?

(4) Та өөрийнхөө дутагдалтай талыг засахын тулд юу хийх хэрэгтэй гэж бодож байна вэ?

(5) Та өөрийнхөө дутагдалтай зан чанарыг зассанаар ямар үр дүнд хүрч чадна гэж бодож байна вэ?

(6) 위에 메모한 내용을 바탕으로 글을 써 보세요.

말하기 연습

1.

- Би одоо болтол өөрөө өөрийгөө ямар зан чанартай, яг юунд дуртай гэдгийг сайн мэдэхгүй юм.
- Тэр тал дээрээ огт санаа зовох хэрэггүй. Нэг судалгаанаас харахад ихэнх хүмүүс өөрөө өөрийгөө яг ямар хүн бэ гэдгийг сайн мэддэггүй гэж гарсан байна лээ. Гэхдээ өөрийгөө ямар зан чанартай, ямар хандлагатай гэдгээ сайн мэдэж байвал цаашид ямар ажил төрөл хийх, хүмүүстэй яаж харьцах вэ гэдэгт тус болох нь мэдээж.
- Тэрийгээ яаж мэдэх билээ?
- Эргэн тойрныхоо хүмүүсээс асуу л даа. Аав ээжээсээ юм уу, дотны найз нөхдөөсөө... Бас хүний зан чанарыг тодорхойлоход тусалдаг төрөл бүрийн тест байдаг. Түүгээр шалгаад үзсэн ч болно шүү дээ.

2.

- Хүмүүсийг хараад байхад өөрөө өөрийнхөө зан чанарт тохирсон ажил мэргэжлээ илүү их сонирхдог юм шиг байна.
- Тийм гэж үү? Миний хувьд "Ямар ажил мэргэжил эзэмшинэ? Түүндээ өөрийнхөө зан чанарыг тохируулж чадах байх" гэж боддог шүү.
- Тэр ч арай болохгүй байх аа. Хувь хүний зан төлөв гэдэг чинь нэг бодлын төрөлхөөс заяасан зүйл шүү дээ.
- Яалаа гэж? Нийгмийн амьдралд ороод эхэлбэл өөрөө өөрийнхөө зан чанарыг ч бас засаж болох биш үү?

3.

- Болд оо! Би чамд дандаа атаархах юм. Чи үнэхээр бусдыг өөртөө татан уриалж манлайлах чадвартай болохоор олон хүмүүс чамд дуртай, чиний үгийг дагах юм.
- Үгүй дээ. Би уг нь яг тийм зантай хүн биш. Ганцаараа байх дуртай. Үг дуу цөөтэй. Анх хүнтэй уулзахдаа жаахан бишүүрхдэг зантай. Гэхдээ би "Манлайлагч" гэдэг ном уншаад хэрхэн бусдыг өөртөө татах, олон хүмүүсийн өмнө өөрийгөө хэрхэн илэрхийлэх талаар бага сага мэдэж авсан юм. Би тэр номноос хүн өөрөө хичээж зүтгэж чадвал ямар ч амжилтад хүрч чадах тухай мэдэж авсан. Чи ч гэсэн тэр номыг уншаад үзээч. Үнэхээр сонирхолтой ном шүү.

단원 평가

1. 다음을 읽고 물음에 답하세요.

Эрэгтэй Цэцэг ээ! Чи эгчтэйгээ адилхан уу?
Эмэгтэй Тийм ээ. Гэхдээ гадна төрхөөрөө л адилхан. Харин зан чанарын хувьд бол манай эгч дуу цөөтэй, даруухан. Би бол яриа бас нүүрэмгий зантай.
Эрэгтэй Аан, тийм үү?
Эмэгтэй Би бол хөдөлгөөнтэй, найзуудтайгаа нийлэх дуртай. Харин манай эгч бол тийм биш.
Эрэгтэй Надад бол чам шиг нийтэч зантай хүн таалагддаг.
Эмэгтэй Гэхдээ миний муу тал бол хөнгөн, амархан алдаа гаргадаг бол манай эгч аливаад хүлээцтэй ханддаг болохоор алдаа эндэл бараг гаргадаггүй. Хааяа эгчдээ атаархах үе ч байдаг шүү.
Эрэгтэй Би ч гэсэн ахаасаа шал өөр зан чанартай боловч аль аль сайн муу талтай юм шиг санагддаг.

(1) 대화의 내용과 같은 것을 모두 고르세요.

① Энэ эмэгтэй оюутан эгчтэй адилхан төрхтэй.

② Энэ хоёр оюутан ах эгч нарынхаа зан чанарын тухай ярилцаж байна.

③ Эрэгтэй оюутан сэргэлэн зан чанартай хүнд дуртай.

④ Энэ эмэгтэй оюутанд эгч нь атаархдаг.

⑤ Энэ эрэгтэй оюутан ахаасаа өөр зан чанартай.

(2) 여학생에 대하여 맞게 설명한 것을 모두 고르세요.

① Энэ эмэгтэй оюутан даруухан зантай.

② Энэ эмэгтэй оюутан нүүрэмгий зантай.

③ Энэ эмэгтэй оюутан аливаад нухацтай ханддаг.

④ Энэ эмэгтэй оюутан алдаа их гаргадаг.

MEMO

04 Гадаад төрх байдал
외모

학습목표

1. 외모 묘사하기
2. 몽골어의 공동태와 상호태 알아보기
3. 몽골어 형용사의 특징 알아보기

1. 사람 외모를 어떻게 표현할 수 있습니까?
2. 몽골어 공동태와 상호태의 차이가 무엇입니까?
3. 몽골어 형용사는 어떤 면에서 한국어와 다를까요?

어휘 및 표현

өндөр нуруутай	키가 큰, 장신의
царайлаг	잘 생긴, 예쁜
хөгжилтэй, хошин зантай	쾌활한, 명랑한
том алаг нүдтэй	크고 시원한 눈
хувцасны стиль	옷 스타일
дуурайх	따라하다, 흉내내다
гоо сайхны мэдрэмжтэй	미적 감각이 있는
тас хар	완전히 새까만, 아주 검은
сэргэлэн	슬기로운, 현명한, 재치가 뛰어난
наранд борлох	햇볕에 타다
хүдэр бор царайтай	강렬한 갈색 얼굴
дүгнэх	평가하다
анхаарал хандуулах	관심을 갖다, 주의를 기울이다
хүүхэд залуучууд	젊은이들, 청년들
дунд ахлах сургуулийн сурагчид	중고등학생들
сэтгэл дундуур байх	섭섭하다
биеийн жингээ хасах	몸무게를 줄이다
арьс арчилгаа	피부 관리
нүүр будалт	얼굴 화장
гоо сайхны мэс засал	성형외과
онгоцны буудал дээр тосох	공항 픽업, 공항 마중
өндөр, махлаг биетэй	장신의 통통한 체격
бор царайтай	갈색 피부
намхан туранхай	키가 작고 마른
эсрэг хүйсийн хүн	이성
гол шалгуур	주요 기준
байр суурь эзлэх	지위를 갖다
чухалчлах	강조하다
шалтгаан	원인, 이유
соёл урлагийн салбар	문화예술 분야
даган дуурайх	따라하다, 흉내내다
хүч үзэх	힘을 겨루다
нөлөөлөх	영향을 미치다
олон нийтийн сүлжээ	대중 매체
нийгмийн сүлжээ	사회 망
хандлагад өөрчлөлт орох	경향이 바뀌다
хувийн мэдээлэл	개인 정보
чамирхах	과시하다

본문

Гадаад төрх байдал

"Би өөрийнхөө найз нарыг танилцуулъя.
Энэ миний найз Болд. Тэр өндөр нуруутай, бас царайлаг. Хөгжилтэй, хошин зантай болохоор манай ангийнхан бүгд түүнд дуртай. Энэ бол Туяа. Туяа том алаг нүдтэй их хөөрхөн охин. Тэр солонгос залуучуудын хувцасны стилийг дуурайх дуртай, гоо сайхны мэдрэмжтэй. Харин энэ бол миний хамгийн дотны найз Амар. Тэр тас хар, сэргэлэн нүдтэй. Үсээ дандаа богинохон засуулж явдаг. Наранд борлосон хүдэр бор царайтай. Тэр их элэгсэг болохоор хүн бүхэн түүнийг хүндэтгэдэг."
Хүмүүс өөрийнхөө найз нөхдийг танилцуулахдаа хамгийн түрүүнд гадаад төрхийг нь тодорхойлон хэлдэг. Мөн аливаа хүнийг анх хараад гадаад төрхөөр нь хамгийн түрүүнд дүгнэх нь ч бий.
Сүүлийн үед хүмүүс гадаад төрхөндөө ихээхэн анхаарал хандуулах болсон байна. Ялангуяа, энэ нь хүүхэд залуучууд, тэр дундаа дунд ахлах сургуулийн сурагчдын дунд огцом өсөж байна. Нэгэн судалгаанаас харахад, хүмүүсийн 85%(хувь) нь ямар нэг байдлаар өөрийнхөө гадаад төрхөд санаа зовдог, сэтгэл дундуур байдаг гэсэн хариулт өгчээ.
Харин гадаад төрхөө ямар нэг хэмжээгээр өөрчлөхийн тулд ямар зүйл хийдэг вэ? гэсэн асуултад дийлэнх нь биеийн жингээ хасах – даёт хийх, мөн арьс арчилгаа, нүүр будалт зэрэгтээ анхаарах гэж хариулсан байна.
Мөн нэг сонирхолтой зүйл бол хэрэв боломж гарвал гоо сайхны мэс засалд орж гадаад төрхөө өөрчлөхийг хүсэж байна гэсэн хариулт харьцангуй их байсан байна. Үүнийхээ учир шалтгааныг "хөөрхөн болох гэсэн юм" гэжээ.

대화 1

Цэцэг Сайн байна уу? Би таныг маргааш онгоцны буудал дээр тосох юмаа.
Минсү Аан, тийм үү? Баярлалаа. Харин би таныг яаж таних вэ?
Цэцэг Би маргааш ногоон цамц, цэнхэр өмдтэй яваад очъё. Би өндөр, махлаг биетэй, бор царайтай, үсээ богинохон засуулсан байгаа.
Минсү Аан, за мэдлээ. Харин би намхан туранхай. Урт шар үстэй. Бас нүдний шилтэй. Ногоон энгийн аяны куртка өмсөөд очих байх аа.
Цэцэг Аан, за за. Танихад амархан юм байна. Маргааш уулзъя.
Минсү Баярлалаа. Маргааш уулзъя.

대화 2

Болд Туяа! Чи найз залуутай юу?

Туяа Одоохондоо байхгүй. Яасан?

Болд Чи найз залуутай болбол хамгийн түрүүнд нь юуг харах вэ?

Туяа Мэдээж ямар зантай залуу вэ? гэдгийг нь хамгийн түрүүнд харна.

Болд Гадаад төрхийг нь харахгүй гэж үү?

Туяа Харалгүй яахав. Нэг сайт дээр бичсэнийг харсан чинь хүмүүс эсрэг хүйсийнхээ хүнтэйгээ уулзахдаа тавьдаг гол шалгуурын нэгэнд гадаад төрх томоохон байр суурь эзэлдэг гэж бичсэн байна лээ. Ер нь хүмүүс ихэвчлэн хувь хүний зан чанарыг ихээхэн чухалчилдаг ч гэсэн түүний дараагаар гадаад төрх, төгссөн сургууль, боловсрол, хөрөнгө мөнгө, хобби сонирхол зэргийг шалгуураа болгодог гэж бичсэн байна билээ.

대화 3

Цэцэг Солонгос залуучуудыг харахад гадаад төрхөндөө их анхаардаг юм шиг санагдсан.

Минсү Тийм шүү. Ер нь солонгос гэлтгүй сүүлийн үеийн залуучууд гадаад төрхөндөө их анхаарал хандуулах болсон байна. Миний бодлоор энэ нь хэд хэдэн шалтгаантай холбоотой байх гэж боддог.

Цэцэг Жишээлбэл?

Минсү Ялангуяа, солонгост соёл урлагийн салбар шинэ шатанд гарч дэлхий дахинаа K-поп урсгал өөрийн байр сууриа эзэлсэн. Үүнтэй холбоотойгоор дуучид зэрэг урлагийн салбарт сонирхолтой хүүхэд залуус ихээхэн нэмэгдсэн. Бас тэднийг даган дуурайх, мөн өөрсдөө урлагийн салбарт хүч сорих сонирхол нэмэгдсээр байна. Мэдээллийн хэрэгслээр гарч байгаа алдартай жүжигчид, дуучдын гол шалгуурын нэг нь гадаад дүр төрх, өөрөөр хэлбэл, "хөөрхөн байх", "гоё байх" гэсэн ойлголт байдаг ба энэ нь залуучуудад их нөлөөлсөн байх.

Цэцэг Аан. Тийм байх нь...

Минсү Бас сүүлийн үед хамгийн их нөлөөлсөн зүйл гэвэл яах аргагүй интернэт, олон нийтийн сүлжээ гэж хэлж болно. Ялангуяа, SNS зэрэг нийгмийн сүлжээ хөгжсөнөөр хүмүүс хоорондын харилцаа, хандлагад ихээхэн өөрчлөлт орж байна. Хүүхэд залуус SNS-ээр дамжуулан өөрийн таньдаг болон таньдаггүй хүнтэйгээ харилцаа холбоо тогтоож, хувийн мэдээлэл зэргээ солилцох боломжтой болсон. Энэ нь гол төлөв фото зураг, дүрс бичлэг зэргээр дамждаг. Тийм болохоор өөр бусад хүмүүсийг харахдаа хамгийн түрүүнд гадаад төрх байдлаар нь, тухайлах юм бол, нүүр царай, хувцаслалт, стил имидж зэргийг нь эхэлж хардаг. Тиймээс залуучууд гадаад төрх байдалдаа анхаарал хандуулах, бас нөгөө талаар үзүүлэн чамирхалд автах хандлагыг бий болгож байна.

문법설명

1. 몽골어의 태

(1) 공동태(Үйлдэлцэх хэв)

현대 몽골어 공동태 어미로 -лц가 있으며 해당 동작이나 행위를 몇몇의 행위주가 함께 또는 공동으로 협력하여 행하는 의미를 나타낸다.

Болд оо! Үүнийг хамт өргөлцөөд өгөөч!
Тэр хоёр их л удаан ярилцаж суув.
Манай ангид нийт 20 оюутан суралцдаг.

(2) 상호태(Үйлдэлдэх хэв)

현대 몽골어 상호태 어미로 -лд가 있으며 해당 동작이나 행위를 두 사람이 서로 상호적으로 대립하여 행하는 의미를 나타낸다.

Болд Бат хоёр барилдаж байна.
Тэр хоёр хүүхэд зодолдож байна.
Тэд өөр хоорондоо ширүүн тэмцэлдэж байна.

2. 몽골어 형용사 특징

몽골어와 한국어의 가장 큰 차이점은 형용사에서 나타난다. 한국어에서 형용사는 용언으로 활용하여 문장에서 서술어의 기능을 하는 반면 몽골어의 형용사는 명사로 분류되어 곡용 한다는 점이다.

(1) 문장에서 술어의 기능을 수행하는 경우 бол-이라고 하는 인용동사와 짝을 이루어 쓰인다. 한편 한국어에서는 '~지다'라고 하는 접미사가 연결되어 활용된다.

Мөнх улам царайлаг болжээ.
멍흐 씨 얼굴이 예뻐졌어요.
Өчигдрийг бодвол өнөөдөр сэтгэл санаа өөдрөг болсон байна.
어제보다 오늘이 기분이 좋아졌다.
Хавар болоод цаг агаар их дулаахан болжээ.
봄이 되어 날씨가 많이 따뜻해졌어요.

(2) 현대몽골어의 공동격어미는 여러 의미 기능을 갖는다. 첫 번째 주요 의미는 '소유'의 의미 기능을 나타낸다. 이것은 한국어의 'N-을/를 가지고 있다', 'N-이/가 있다'에 대응된다.

Би богинохон шаргал үстэй.
Ким хав хар нүдтэй
Өнөөдөр нартай байна.

3. 몽골어 형용사의 의미적 특징

(1) 형용사의 의미 강조(Эрчимжүүлсэн утга)

형용사 앞에 'тас, час, цоо, пад, таг, цэлдэн, шал' 등의 첨사들이 쓰여 해당 형용사의 뜻을 더해 주는 의미를 나타낸다. 또한 색깔이나 모양을 나타내는 형용사의 첫번째 음절에 접미사 -в를 결합하여 '매우 짙고 선명하게'라는 형용사의 본래의 의미를 극대화하고 강조하는 어두 중첩의 방법도 있다.

цоо шинэ
цэв цэвэрхэн
час улаан
час халуун
бөв бөгтөр
ув улаан
цав цагаан

пад хар
нэн хурдан
шал тэнэг
дөв дөрвөлжин
пиг дүүрэн
хав хар
цэв цэнхэр

(2) 형용사의 의미 약화(Бууруулсан утга)

어떤 사물의 특성, 분량, 정도를 나타내는 형용사에 '-втар4', '-дуу^{2}' 등의 접미사를 연결하여 해당 형용사의 의미를 약화시킨다.

багавтар
шинэвтэр
шинэдүү
дөрвөлжиндүү
шударгадуу

томовтор
улаавтар
улаандуу
бөгтөрдүү
цэвэрхэндүү

(3) 형용사 비교변화

몽골어 형용사는 일반적으로 원급, 비교급, 최상급의 3단계를 가진다. 비교급과 최상급은 정도의 차이로 해석할 수 있으며 구체적으로 말하자면 이 두 개는 정도와 본질의 차이를 나타내는 것이다.

(3-1) 원급 Ижил зэрэг

ган шиг хатуу	түүн шиг ухаантай
цас шиг цагаан	салхи шиг хурдан
над шиг өндөр	сум мэт хурдан

(3-2) 비교급 Илүү зэрэг

салхинаас хурдан	яснаас хатуу
өднөөс хөнгөн	цаснаас цагаан
түүнээс ухаантай	надаас өндөр

(3-3) 최상급 Давуу зэрэг

хамгийн өндөр	хамгийн нам
хамгийн сайн	хамгийн муу
хамгийн чадалтай	хамгийн үр дүнтэй

4. 화용적 표현 -х сан⁴/-х юм сан

(1) 미래시제 동명사 -х 다음에 'сан[4]', 'юм сан[4]' 등 붙여 화자의 원망과 간절한 바람 등의 의미를 나타낸다.

Нэг сайхан хөдөө аялалаар явах сан.
Нэг сайхан хөдөө аялалаар явах юм сан.
Найзуудтайгаа нэг сайхан уулзах сан.
Найзуудтайгаа нэг сайхан уулзах юм сан.

(2) 미래시제 형동사 'даг[4]' 다음에 сан[4] бол이 연결되어 조건구문에서 쓰이게 되면 해당 행위나 상태가 이루어질 가능성이 없었다는 화자의 '아쉬움, 실망'의 의미를 나타내게 된다.

Бид хоёр эртхэн ирсэн сэн бол зорьсон ажлаа бүтээгээд буцах байлаа.
Мэддэг сэн бол би чамд хэлээд өгөх сөн.
Чаддаг сан бол би чамд хийгээд өгмөөр л байна.

듣기 연습

1. 다음 문장을 듣고 따라서 말하세요.

» Та маргааш надтай хамт байж чадах уу?
» Та маргааш надтай хамт байлцаж чадах уу?

» Энэ хайрцгийг өргөөд хоёр давхарт гаргаарай.
» Энэ хайрцгийг надтай өргөлцөөд хоёр давхарт гаргая.

» Та маргааш ирээд үүнийг хийгээрэй.
» Та маргааш ирээд надтай/түүнтэй/бидэнтэй үүнийг хийлцээрэй.

» Бид хоёр оройжингоо ярьж суув.
» Бид хоёр оройжингоо ярилцаж суув.

» Бид цаашдаа ажлаа хэрхэн хийх талаар ярилцав.
» Бид цаашдаа ажлаа хэрхэн хийх талаар зөвшилцөв.
» Бид цаашдаа ажлаа хэрхэн хийх талаар хэлэлцэж байна.

2. 다음 문장을 듣고 따라서 말하세요.

» Энэ жилийн наадмаар олон бөх барилдав.
» Тэр бүсгүйчүүл ихэд хөгжилтэй зүйл ярилцан чанга чангаар хөхрөлдөнө.
» Тэр тал дээр хоёр үхэр мөргөлдөж байна.
» Хашаан дотуур хүүхдүүд тоглон гүйлдэж байна.
» Солонгосын олон компани дэлхийн тавцанд өрсөлдөж байна.

3. 다음 문장을 듣고 따라서 말하세요.

» цагаан	» цагаахан
» цагаавтар	
» цагаавтардуу	» цагаахандуу
» цагаавтардуухан	» цагаахандуухан
» шинэ	» шинэхэн
» шинэвтэр	
» шинэвтэрдүү	» шинэхэндүү
» шинэвтэрдүүхэн	» шинэхэндүүхэн

읽기 연습

1. 다음 문형을 읽어 보세요.

Би ачаагаа өргөөд гэртээ оров.
Би Болдоор ачаагаа өргүүлээд гэртээ оров.
Би Болдтой ачаагаа өргөлцөөд гэртээ оров.

Манай аав одоо байшин барьж байна.
Манай аав авга ахаар байшин бариулж байна.
Манай аав авга ахтай хамт байшин барилцаж байна.

Үүнийг би гартаа барьж байна.
Үүнийг би Болдоор бариулж байна.
Үүнийг би Болдтой барилцаж байна.
Би одоо Болдтой барилдаж байна.

2. 다음 문형을 읽어 보세요.

Өнөөдөр гадаа дулаахан байна.
Өчигдөр гадаа дулаахан байсан.
Маргааш гадаа дулаахан байх байх.
Гадаа дулаахан болжээ.
Гадаа дулаахан болно.

Тэр багадаа их хөөрхөн хүүхэд байсан.
Тэр одоо их хөөрхөн(?байна).
Тэр нүүрээ угаасан бол хөөрхөн байх байлаа.
Тэр нүүрээ угаасан бол хөөрхөн болох байлаа.
Тэр их хөөрхөн охин болжээ.

Тэр охин урт үстэй байсан.
Тэр охин урт үстэй.
Тэр охин урт үстэй байх.
Тэр охин урт үстэй болжээ.

3. 다음 문형을 읽어 보세요.

Энэ	ямар	машин бэ?
	ямар өнгөтэй	

Энэ	цоо шинэ шив шинэхэн хув хуучин шал тэнэг час улаан салхинаас хурдан сум шиг хурдан шинэвтэр шинэдүү хамгийн хурдан хамгийн сайн	машин.
	хав хар цав цагаан ув улаан нов ногоон шав шар бов бор	

4. 다음 문형을 읽어 보세요.

Сонирхолтой кино Эрт тараад гэртээ Нойроо ханатал Сэтгэлээ нээж Шөнөжингөө дуулж	үзэх харих унтах ярилцах суух	юм сан.
Сонирхолтой кино Эрт тараад гэртээ Нойроо ханатал Сэтгэлээ нээж Шөнөжингөө дуулж	үзэх сэн. харих сан. унтах сан. ярилцах сан. суух сан.	

5. 다음 문형을 읽어 보세요.

Мэддэг сэн Чаддаг сан Чадал минь хүрдэг сэн Мэдэлтэй сэн Чадалтай сан Ухаантай сан	бол	чамд хэлээд өгөх юм сан. хийгээд өгөх юм сан.
Мэдсэн сэн Харсан сан Уулзсан сан Тэмцээнд түрүүлсэн сэн Эрүүл саруул байсан сан	бол	чамд эртхэн хэлдэг байж. заагаад өгөх байсан юм. түүнтэй сайн ярьж суух байлаа. өндөр шагнал авах байсан сан. ямар сайхан байх билээ.

추가 어휘

сүүлийн үед	최근에
эрс багсах	급격히 줄어들다, 급격히 감소하다
бүтэц	구조
гэр бүлийн бүтэц	가족 구조
өөрчлөлт гарах	변하다, 변화하다, 변모하다
хөрөнгө оруулалт	투자
өнгө үзэмж	색채
хувцаслалт	옷차림
боломж олгох	기회를 주다
боломж олдох	기회를 얻다
гоо сайхны бараа	화장품
бараа бүтээгдэхүүн	생산품
хямд төсөр	저가, 값싼
худалдааны арга барил	판매 방안
хэрэглэгч	소비자
хэрэглэгчдэд чиглэх	소비자에 방향을 맞추다, 소비자에 초점을 맞추다
сэтгэл ханамжтай байх	만족하다
эцэг эхээс заяах	부모로부터 물려받다
өөртөө итгэлтэй байх	자신감을 갖다, 자존감을 갖다
итгэх	믿다, 신뢰하다
мэдлэг чадвар	지적 능력
эрүүл амьдралын хэвшил	건강한 습관
арьс арчилгаа	피부 관리
хувь хүн	개인
хувь хүний сонголт	개인의 선택
хэт анхаарал хандуулах	지나친 관심
хэт даган дуурайх	지나치게 따라하다, 지나치게 모방하다
үзүүлэн маягийн хэв загвар	견본, 모형
татгалзах	거절하다, 거부하다
хэмжүүр болгох	기준으로 삼다
нөхцөл байдал	상황, 상태
тохируулах	조절하다

쓰기 연습

1. 아래의 내용을 번역해 보세요.

(1) 다음 내용을 한국어로 번역하세요.

Сүүлийн үед солонгост төрөлт эрс багасаж тэр ч хэмжээгээрээ гэр бүлийн бүтцэд өөрчлөлт гарч байна. Орчин үеийн шинэ гэр бүл гол төлөв 1-2 хүүхэд гаргах болсон нь урьд өмнөх байдалтай харьцуулахад цөөрсөн болохыг хэн бүхэн мэдэж байгаа. Тэр ч утгаараа хүүхэддээ зориулсан хөрөнгө оруулалт нэмэгдэж энэ нь улмаар тэдний гадаад төрх байдал, өнгө үзэмж, хувцаслалт зэрэгт илүү их анхаарал хандуулах боломжийг олгож байна гэж хэлж болно.

(2) 다음 내용을 몽골어로 번역하세요.

점점 발전해가는 의류 산업과 화장품 산업은 예쁘고 질 좋은 다양한 상품들을 생산해내고 있다. 특히 가격 면에서도 저렴한 상품들을 청소년들이 어렵지 않게 자신의 개성에 맞는 옷이나 화장품을 구매할 수 있게 되었다. 화장품 회사들과 의류업체들 중에는 특별히 십대 소비자들을 잡기 위한 판매전략을 내세우는 회사도 있다. 그 중 몇몇 대형 화장품 회사들은 노골적으로 십대들을 겨냥한 상품을 내놓기도 한다.

2. 외모에 대하여 글을 써 보세요. 먼저 다음 내용을 읽어 보세요.

(1) Та өөрийнхөө гадаад төрхөд сэтгэл ханамжтай байдаг уу?
Тийм. Би өөрийнхөө гадаад төрх байдалд сэтгэл ханамжтай байдаг. Энэ бол эцэг эхээс маань заяасан төрх байдал. Би өөрийнхөө дүр төрхөд сэтгэл ханамжтай, бас итгэлтэй байдаг.
Зарим нэг зүйл дээр хааяа сэтгэл ханамжгүй байх тохиолдол байдаг. Гэхдээ түүнийгээ өөрчлөх арга, боломж үргэлж байдаг гэдэгт итгэдэг. Би өөрийнхөө гадаад үзэмжээсээ илүүтэйгээр мэдлэг чадвартаа итгэдэг. Мэдлэг чадвар бол ямар ч гадаад төрх байдал, үзэмжээс хэд дахин илүү зүйл гэж би боддог.

(2) Хүн өөрийнхөө гадаад төрхийг өөрчлөх хамгийн сайн арга юу гэж бодож байна вэ? Яагаад тэгж бодож байна вэ?
Мэдээж янз бүрийн аргаар өөрийнхөө гадаад төрх, үзэмжийг өөрчилж болно. Хамгийн энгийн арга гэвэл эрүүл амьдралын хэвшил, арьс арчилгаа, нүүр будалт зэргийг дурдаж болно. Мөн сүүлийн үед гоо сайхны мэс заслыг ч сонгох хандлага их болсон. Энэ бол тухайн хувь хүний сонголт бөгөөд буруу гэж бодохгүй байна.

(3) Сүүлийн үеийн хүүхэд залуучууд өөрийнхөө гадаад төрхөд хэт их анхаарал хандуулах болсныг хэрхэн хүлээн авч байна вэ?
Сүүлийн үед интернэт, SNS их хөгжсөнтэй холбоотойгоор хүүхэд залуус гадаад үзэмжиндээ их анхаарах болсон. Үүнийг буруу гэж бодохгүй байна. Гэхдээ хэт даган дуурайх, зөвхөн үзүүлэн маягийн хэв загвараас татгалзах хэрэгтэй байх.

(4) Хэрвээ танд гоо сайхны мэс засал хийлгэх боломж гарвал та хийлгэх үү? Хийлгэх болон хийлгэхгүй байх шалтгаан тань юу вэ?
Нийгмийн зүгээс хувь хүний гадаад үзэмжид хэт анхаарал хандуулж, түүнийг чухалчилж, бас тодорхой хэмжүүр болгох хандлага байна. Үүнийг дагаад залуучууд гоо сайхны мэс засал хийлгэх эсэх талаар боддог болсон юм шиг байна. Би ч бас нөхцөл байдалдаа тохируулан шаардлагатай гэж үзвэл хийлгэх байх.

(5) 위에 메모한 내용을 바탕으로 취미생활에 대하여 글을 써 보세요

3. '외모' 다음 질문에 대해 간단하게 메모해 보고 그 내용을 바탕으로 글을 작성해 보세요.

(1) Та өөрийнхөө гадаад төрхөд сэтгэл ханамжтай байдаг уу?

(2) Та өөрийнхөө найз залуу(охин)-гаа ямар дүр төрхтэй байгаасай гэж боддог вэ?

(3) Хүн өөрийнхөө гадаад төрхийг өөрчлөх хамгийн сайн арга юу гэж бодож байна вэ? Яагаад тэгж бодож байна вэ?

(4) Сүүлийн үеийн хүүхэд залуучууд өөрийнхөө гадаад төрхөд хэт их анхаарал хандуулах болсныг хэрхэн хүлээн авч байна вэ?

(5) Хэрвээ танд гоо сайхны мэс засал хийлгэх боломж гарвал та хийлгэх үү? Хийлгэх болон хийлгэхгүй байх шалтгаан тань юу вэ?

(6) 위에 메모한 내용을 바탕으로 글을 써 보세요.

말하기 연습

1.

- Байна уу? Сайн байна уу? Би таны зарын дагуу ярьж байна. Таны зарах гэж байгаа таблетыг сонирхох гэсэн юм. Тантай яаж уулзаж авч болох вэ?
- Сайн байна уу? Өнөөдөр орой ажил тарсны дараа Их сургуулийн хоёрдугаар байрны өмнө уулзвал ямар вэ?
- Тэгье тэгье. Харин би таныг яаж таних вэ?
- Би цэнхэр курткатай, шар малгай өмссөн байгаа. Намхан, бор царайтай охин байгаа. Харин та?
- Би хар пальто, цагаан ороолттой очих байх. Бас хар үүргэвчтэй. Би очоод тан руу утсаар ярина аа.
- За тэгээрэй. Орой уулзацгаая. Баяртай.

2.

- Монголд ирээд харж байхад монголын хүүхэд залуучууд ч гадаад төрхөндөө их анхаарал тавьдаг болох нь харагдаж байна.
- Тийм шүү. Ялангуяа, сүүлийн үед солонгосын охид залуучуудыг даган дуурайх нь их болсон. Энэ нь нэг талаар, нийгмийн сүлжээ зэрэг интернэт, ухаалаг гар утасны хэрэглээ их болсонтой ч бас холбоотой.
- Монголын охид залуучууд ямар зүйл дээр хамгийн их анхаарал тавьдаг вэ?
- Мэдээж хувцаслалтдаа анхаарал их хандуулж байгаа нь харагддаг. Мөн арьс арчилгаа, гоо сайхны бүтээгдэхүүнийг ихээхэн сонирхож байна. Тэр дундаа солонгосын гоо сайхны бүтээгдэхүүн монголд их алдартай, борлуулалт хамгийн өндөр байдаг.

3.

- Сүүлийн үеийн хүүхэд залуучуудыг хараад байхад гадаад төрх, хувцаслалт, имидждээ ихээхэн анхаарал хандуулах болсныг харж болно. Үүнийг юутай холбон тайлбарлаж болох вэ?
- Үүнийг нэгдүгээрт SNS зэрэг нийгмийн сүлжээ хөгжсөнтэй тайлбарлаж болно. Нийгмийн сүлжээний нэг онцлог бол яах аргагүй фото зураг, дүрс бичлэг байдаг. Тэр ч утгаараа интернэт орчин дахь хүмүүс хоорондын харилцаанд гадаад төрх байдлыг чухалчлах хандлага их болсон байна. Дараагийн хүчин зүйлс бол эцэг эхчүүдийн зүгээс үр хүүхдүүддээ зориулж буй материаллаг хангамж нэмэгдсэнтэй холбон тайлбарлаж болох юм. Өөрөөр хэлбэл, сүүлийн үед төрөлт багасаж нэг гэр бүл нэгээс хоёр хүүхэд төрүүлдэг болсон байна. Ингэснээрээ тухайн хүүхдүүддээ зориулах хангамж нэмэгдэж, гадаад төрх байдал, хувцаслалт зэрэгт ч ихээхэн нөлөө үзүүлсэн гэж хэлж болно.

단원 평가

1. 대화 내용과 같으면 O, 다르면 X 하세요.

(1) **Эмэгтэй** Хүүе! Чи чинь арай өөр харагдаад байх чинь. Үсээ өөрөөр засуулчхаж.
Эрэгтэй Тийм ээ. Гадаад төрхөө нэг өөрчлөөд үзье гэж бодоод.

(2) **Эмэгтэй** Тэр олон хүний дундаас танай найзыг яаж олох юм бэ?
Эрэгтэй Амархаан. Ув улаан куртка өмсөөд том хар цүнх барьчихсан байна гэсэн.

(3) **Эрэгтэй** Цэцгээ! Чамд өндөр нуруутай залуус таалагддаг уу?
Эмэгтэй Өндөр нам нь хамаа байхгүй ээ. Даруухан, сайхан сэтгэлтэй л байвал болоо.

(1) Энэ эрэгтэй үснийхээ засалтыг өөрчилсөн. ( )

(2) Энэ эмэгтэй ув улаан куртка өмссөн байна. ( )

(3) Энэ эмэгтэй өндөр нуруутай залууст дургүй. ( )

2. 다음을 읽고 물음에 답하세요.

Эрэгтэй Юу үзэж байгаа юм?
Эмэгтэй Аан, манай гэрийнхний зураг.
Эрэгтэй Энэ өндөр нуруутай урт шар үстэй хүн хэн бэ?
Эмэгтэй Манай эгч байгаа юм.
Эрэгтэй Аан, ясан хөөрхөн эгчтэй юм бэ? Энэ эгчийн чинь хажууд байгаа энэ нүдний шилтэй охин дүү чинь үү?
Эмэгтэй Тийм ээ. манай дүү. Надтай их адилхан байгаа биз?
Эрэгтэй Харин тийм байна. Чамтай бүр усны дусал шиг адилхан юмаа.

(1) 여학생 누나의 외모가 맞는 것을 모두 고르세요.

① Намхан нуруутай

② Хөөрхөн

③ Урт үстэй

④ Нүдний шилтэй

(2) 들은 내용과 같으면 O, 다르면 X 하세요.

① Эмэгтэй оюутны эгч нь намхан нуруутай. ( )

② Эмэгтэй оюутны дүү нь их хөөрхөн. ( )

③ Эмэгтэй оюутны дүү нь нүдний шил зүүдэг. ( )

④ Эмэгтэй оюутан эгчтэйгээ их адилхан. ( )

MEMO

05 Сургуулийн амьдрал

학교 생활

학습목표

1. 학교 생활에 대하여 이야기하기
2. 몽골어의 복수주체태 익히기
3. 몽골어의 보조동사 익히기

1. 학교 생활에 대하여 이야기해 볼까요?
2. 몽골어의 복수주체태는 어떤 문법소입니까?
3. 몽골어의 보조동사에는 무엇이 있으며 가능은 무엇입니까?

어휘 및 표현

азаа үзэх	운을 시험하다
элсэлтийн шалгалт	입학시험
ард үлдэх	뒤에 남다
амжилт бүтээл	성과
бие даасан	독립된
эрх чөлөөтэй	자유롭다
хариуцлагатай	책임감 있는
бүтээлч	창조적인, 능률적인
эрэлч хайгуулч	탐구적인
зорилго	목적
мөрөөдөл биелүүлэн	소원성취
цаг хугацаатай уралдах	시간 제한이 있는 경주
өөрийгөө дайчлах	힘을 발휘하다
зохион байгуулах	구성하다, 조직하다
арга хэмжээ	행사
цаг төлөвлөх	시간을 설정하다
идэвхтэй амьдрах	적극적으로 살다
ур ухаанаа сорих	솜씨를 테스트하다
өөрийгөө хөгжүүлэх	자아 발전
тэмцэх	도전하다
хичээлээс гадуур	비교과, 수업 외의
тайлагдах	알게 되다
үндэсний хувцас	전통 의상
дасах	적응하다
яс махандаа ойлгох	깨닫다
хичээл сонгох	수강 신청
кредит	학점
магистрантур	석사과정
эмх цэгцтэй	일사불란하다
салан задгай	소홀하다, 해이하다
ажлаа зохицуулах	조절하다, 조율하다
ядаргаанд орох	지치다, 피곤하다
шалгалтад бүдрэх	시험에 떨어지다
цагийг нь тулгах	시간과 싸우다
аль ч үгүй хоцрох	뒤쳐지다, 늦다
самгардах	긴장하다, 안절부절 못하다
бие даан суралцах	독학하다

본문

Их сургуулийн амьдрал

Мэдлэгээ сорьж, азаа үзсэн элсэлтийн шалгалт ард үлдэж би өөрийнхөө хүссэн их сургуульд орж оюутан боллоо. Энэ бол миний хүсэж мөрөөдөж байсан их сургуулийн амьдрал. Гэхдээ би сургуулиа хэрхэн амжилт бүтээл дүүрэн төгсөх вэ? Их сургуульд суралцах хугацаандаа юу сурч, ямар мэргэжил эзэмших вэ?

Их сургуулийн амьдрал бие даасан, эрх чөлөөтэй юм шиг мөртлөө туйлын завгүй, хариуцлагатай, бүтээлч, эрэлч хайгуулч тийм л орчин аж. Эндээс би өөрийнхөө өмнө тавьсан зорилгодоо хүрч, хүсэл мөрөөдлөө биелүүлэн, хүссэн мэргэжлээ эзэмших болно. Тэгэхийн тулд өдөр бүр цаг хугацаатай уралдан өөрийгөө дайчилж мэдлэг чадвар эзэмших болно.

Их сургуулийн амьдрал туйлын хөгжилтэй, баяр баясгалантай орчин аж. Би олон олон найз нөхөдтэй болж, эрдэмтэн багш нараас ихийг сурч, оюутны байгууллагаас зохион байгуулдаг олон арга хэмжээнд оролцож байна. Гэхдээ ингэхийн тулд цагаа зөв төлөвлөж, үр бүтээлтэй идэвхтэй амьдрахыг надаас шаарддаг юм байна. Найз нөхөдтэйгээ хамт өөрсдийн ур ухаанаа сорьсон судалгааны ажил хийж, илтгэл бичин төрөл бүрийн уралдаан тэмцээнд оролцож өөрийгөө хөгжүүлж байна.

Би өөрийгөө амьдралд бэлтгэж маш их зүйлийг сурч байна. Бас сурахаар төлөвлөж байна. Би өөрийнхөө амьдралын эзэн болж илүү жаргалтай, илүү гэрэл гэгээтэй ирээдүйнхээ төлөө тэмцэж байна.

대화 1

Болд Танай тэнхим хичээлээс гадуур ямар ямар ажил зохион байгуулдаг вэ?

Минсү Манай тэнхим хичээлээс гадуур “Эрдмийн баяр” нэртэй арга хэмжээ зохион байгуулдаг.

Болд “Эрдмийн баяр” гэнээ? Энэ баяраар оюутнууд юу хийдэг вэ?

Минсү Энэ баяраар манай тэнхимийн оюутнууд өнгөрсөн хугацаанд өөрсдийн сурсан мэдсэнээ бусдадаа тайлагнадаг.

Болд Аан, тийм үү? Өөр?

Минсү Бас “Уран уншлагын тэмцээн”, “Монгол дуу хэн сайн дуулах вэ?” уралдаан болдог.

Болд Их сонирхолтой юм. Танай оюутнууд бүгд идэвхтэй оролцдог уу?

Минсү Тийм. Бүгд идэвхтэй оролцдог. Ялангуяа, монголын үндэсний хувцасны загварын шоунд манай нэгдүгээр ангийн оюутнууд бүгд оролцож монгол дээлээр гангардаг.

대화 2

Болд Туяа! Оюутан болоод оюутны амьдралд дасаж байна уу?

Туяа Дасах гэж л байх шиг байна. Их л завгүй гүйгээд байна. Оюутан байх ч нэг бодлын хэцүү, нэг бодлын сайхан юм аа.

Болд Оюутан байх чиний төсөөлж байснаас өөр байна уу?

Туяа Өөр юм аа. Хамгийн тод мэдрэгдэж байгаа зүйл гэвэл "Би л өөрөө хичээхгүй бол хэн ч миний өмнөөс амьдрахгүй" гэдэг үгийг яс махандаа ойлгож байна. Оюутан байна гэдэг чинь цагаа зөв төлөвлөх, хариуцлагатай байх, үр бүтээлтэй амьдрах, ихийг сурч мэдэх, өөрөөр хэлбэл, өөрөө өөрийнхөө амьдралын эзэн болох эхлэл гэдгийг ойлгож байна.

Болд Тийм шүү. Оюутан нас бол амьдралд хөл тавих анхны гараа л гэж бодож болно.

Туяа Урьд би аав ээждээ эрхлээд, хүссэнээ авхуулж өмсөөд, хүссэнээ авхуулж иддэг байсан бол одоо бол өөрөө өөрийгөө авч явах хариуцлагатай том хүн болсон юм шиг л санагдаж байна.

Болд Их завгүй байгаа биз дээ?

Туяа Тийм ээ. Энэ удаа нийт 8 хичээл сонгоод 21 кредит сонсож байгаа. Хааяа хичээлээ дийлэхгүй л байна. Гэхдээ хичээнэ ээ.

Болд Тийм их хичээл сонгож болж байгаа юм уу?

Туяа Сонгохоос өөр арга байхгүй. Сургуулиа хурдан төгсөх санаатай байна.

Болд Би ч гэсэн сургуулиа хурдан төгсөөд магистрантурт элсэх бодолтой байгаа. Тэгвэл бүр ч их завгүй болох байх даа.

대화 3

Туяа Болд оо! Чи цагаа яаж төлөвлөдөг вэ? Чамайг хараад байхад бүх л зүйл чинь эмх цэгцтэй, үр дүнтэй харагдах юм.

Болд Хувь хүний цаг төлөвлөлт гэж байна. Ялангуяа, оюутан бүрийн мэдэж байх хэрэгтэй цаг төлөвлөх хэд хэдэн арга байдаг юм.

Туяа Чи түүнийгээ надад зааж өгөөч! Би гэж ёстой салан задгай хүн байх юм.

Болд За тэгье. Цагаа зөв төлөвлөж, өдрийн төлөвлөгөө боловсруулах нь их сургуулийн хичээл болон бусад ажлаа зохицуулж сурах эхлэл юм. Шалгалтын өмнөх өдөр нойргүй сууж хичээллэх бус, өдөр бүр тогтсон хуваариар бэлтгэх нь зүйтэй. Ингэснээр ядаргаанд орох, сэтгэл санаагаар унах, явцын болон улирлын шалгалтууддаа бүдрэхээс сэргийлнэ.

Туяа Төлөвлөгөөгөө хэрхэн гаргах вэ?

Болд Цагаа хэмнэх хамгийн эхний алхам бол өглөө эрт босож хийх ёстой зүйлсээ жагсаан бичих юм. Амархан сонсогдож байгаа биз? Гэвч ихэнх оюутан хамгийн чухал ажлаа цагийг нь тулган хийгээд аль ч үгүй хоцрох нь олонтоо байдаг. Тиймээс юу хийх ёстойгоо эхлээд жагсаан бичиж, алийг нь ямар хугацаанд хийх вэ? гэдгээ нарийн төлөвлөх хэрэгтэй. Ийм төлөвлөгөө гаргахад тусалдаг төрөл бүрийн аппликейшн бий. Өөртөө тохиромжтойг нь сонгоод татаж аваарай.

Туяа За мэдлээ.

Болд Гэхдээ хэт их зүйл төлөвлөж, түүндээ самгардан аль ч үгүй хоцорч болохгүй. Долоо хоногт 8-10 цаг бие даан суралцах, олон нийттэй харилцах зэрэг ирээдүйдээ хэрэгтэй байдлаар төлөвлөөрэй. Оюутнууд долоо хоногт дунджаар 35 цагийг хичээл, лекц семинартаа зарцуулдаг. Хэрвээ долоо хоногт 15 цагийн хичээлтэй бол үлдсэн 20 цагийг нь бие даан суралцахад зарцуулах хэрэгтэй.

문법설명

1. 몽골어의 태: 복수주체 태(Олуулаа үйлдэх хэв)

현대 몽골어 복수 주체 태 어미로 -цгаа[4]가 있으며 해당 동작이나 행위를 여라 사람이 동시에 행한다는 의미를 나타낸다.

Сайн байна уу?	→	Сайн байцгаана уу?
Хоёулаа кино үзэхээр явъя!	→	Хоёулаа кино үзэхээр явцгаая!
Бид даалгавраа хамт хийв.	→	Бид даалгавраа хамт хийцгээв.

2. 몽골어 보조동사 БОЛ-

몽골어의 보조동사 бол-는 해당 동사 앞에 대등연결어미/종속연결어미/형동사형어 등의 연결어미를 취하여 문장 내의 다양한 양태 의미를 나타내는 기능을 수행한다. 예를 들면,

(1) -хаар болох: ~게 되다/ ~기로 하다

Би дөрөвдэх өдөр явахаар боллоо.
나는 목요일에 가게 되었다.
Багштай маргааш уулзахаар болсон.
교수님과 내일 만나기로 했다

(2) -х болох: ~ㄹ 필요가 있다/ ~게 되다

Энэ хичээлийг сонсохын тулд тэр номыг заавал унших (хэрэгтэй) болдог.
이 수업을 듣기 위해 그 책을 반드시 읽을 필요성이 있었다.

(3) -сан болох: 대충 ~하다

Би хичээлдээ явсан болоод л байж байна.
나는 그럭저럭 학교 다니고 있다.
Нөгөө ажлаа нэг дуусгасан боллоо.
그 일을 대충 끝냈다.

(4) -ж/ч болох: (~아/어)도 되다

Орж болох уу?
들어가도 됩니까?
Та энэ ажлаа дуусгаад явж болно.
당신은 이 일을 끝낸 후 가도 된다.

(5) -аас болох: ~로 인해/ 때문에

Бүх юм чамаас боллоо.
모든 것이 너 때문이다
Өнөөдөр бороонoос болоод гадагшаа гарч чадсангүй.
오늘 비가 와서 밖으로 나가지 못했다

(6) -тай болох: ~게 되다/ (~가/이) 생기다

Манай дүү саяхан гэр бүлтэй болсон.
우리 동생은 얼마 전 가정을 이루었다.
Монголд ирээд би олон сайхан найзтай боллоо.
몽골에 와서 나는 수많은 친구가 생겼다.

3. 화용적 표현 -х бодолтой байна / -х санаатай байна

본 양태 표현은 화자의 의도, 의지를 나타내며 한국어의 '~ㄹ 생각이다'에 대응된다. 몽골어 서법에서 광범위하게 사용되는 표현이니만큼 반드시 암기하기 바랍니다.

Номын сан орж даалгавраа хийх бодолтой байна.
도서관에 들러 숙제를 할 생각이다.
Хичээлээ тараад хоол идэх санаатай байна.
수업이 끝난 후 밥을 먹을 생각이다.
Ирэх жилээс би монголд очиж сурах бодолтой байгаа.
내년부터 나는 몽골에 가서 공부할 생각이다.

듣기 연습

1. 다음 문장을 듣고 따라서 말하세요.

» Сайн байна уу?
» Сайн байцгаана уу?
» Хоёулаа кино үзэхээр явъя!
» Хоёулаа кино үзэхээр явцгаая!
» Бид даалгавраа хамт хийв.
» Бид даалгавраа хамт хийцгээв.

» Тэд өчигдөр явсан.
» Тэд өчигдөр явцгаасан.

» Та нар маргааш өглөө ирээрэй.
» Та нар маргааш өглөө ирцгээгээрэй.

» Зургийг сайн ажиглаад асуултад хариулаарай.
» Зургийг сайн ажиглаад асуултад хариулцгаагаарай.

» Одоо дандаа монголоор ярьж байя!
» Одоо дандаа монголоор ярьцгааж байя!

2. 다음 문장을 듣고 따라서 말하세요.

» Цагаа зөв төлөвлөж хичээл номоо сайн хийхээр боллоо.
» Маргааш би найзтайгаа хамт цагийн ажил хайхаар болов.
» Тэр шалгалтаа амжилттай өгч хүссэн ажилдаа орохоор болов.

» Энэ асуудлыг шийдвэрлэхийн тулд эхлээд сайн ярилцах хэрэгтэй болов.
» Энэ мэргэжлийг эзэмшихийн тулд тэр багшийн хичээлийг заавал сонсох болдог.
» Одоо байгаа нөхцөл байдлаасаа гарахын тулд бүгдийг нэг бүрчлэн төлөвлөх хэрэгтэй болов.

» Өдрийг нэг өнгөрөөсөн болж амьдрах шиг муу зүйл үгүй.
» Чадан ядан зүтгэсээр сургуулиа нэг төгссөн боллоо.
» Хам хум хоолоо идсэн болоод цүнхээ бариад сургууль руугаа гүйв.

» Хэн ч гэсэн хичээн зүтгэж чадвал ямар ч зүйлийг хийж бүтээж болно.
» Одоо интернэт л байвал ямар ч хүссэн мэдээллээ олж авч болно.
» Зайсан толгой дээрээс Улаанбаатар хотыг бүхэлд нь харж болно.

» Надаас болоод хамаг ажил нурчихлаа.
» Хичээлээ сайн ойлгоогүйгээс болоод шалгалтаа ч сайн өгч чадсангүй.
» Цаснаас болоод бид энэ удаа хөдөө явахаа хойшлуулав.

» Тэр сургуулиа төгсөөд сайн ажилтай болсон.
» Өндөр настай болсон эцэг эхээ асарч тэтгэнэ.
» Энэ явдлаас болоод тэр их муу нэртэй болов.

3. 다음 문장을 듣고 따라서 말하세요.

» Би өнөөдөр үдээс хойш гадагшаа гарч жаахан ажил хөөцөлдөх бодолтой байна.
» Би өнөөдөр үдээс хойш гадагшаа гарч жаахан ажил хөөцөлдөх санаатай байна.
» Би өнөөдөр үдээс хойш гадагшаа гарч жаахан ажил хөөцөлдөх гэж байна.

» Би энэ зуны амралтаараа монголд очих бодолтой байна.
» Би энэ зуны амралтаараа монголд очих санаатай байна.
» Би энэ зуны амралтаараа монголд очих гэж байна.

» Энэ хагас бүтэн сайнд би гэр зуураа амрах бодолтой байна.
» Энэ хагас бүтэн сайнд би гэр зуураа амрах санаатай байна.
» Энэ хагас бүтэн сайнд би гэр зуураа амрах гэж байна.

읽기 연습

1. 다음 문형을 읽어 보세요.

Та нар маргааш	юу хийхээр	болов?
Бид нар маргааш	хамт хичээлээ хийхээр гадуур явахаар найзтайгаа уулзахаар дараа сарынхаа төлөвлөгөөг гаргахаар хамтдаа цагийн ажил хайхаар	болов. боллоо. болсон.

2. 다음 문형을 읽어 보세요.

Амжилт гаргахын тулд Дүнгээ сайн авахын тулд Олон найзтай болохын тулд Сургуулиа амжилттай төгсөхийн тулд Биеийн жингээ хасахын тулд Өглөө эрт босохын тулд	яах	(хэрэгтэй) болдог вэ?
Амжилт гаргахын тулд Дүнгээ сайн авахын тулд Олон найзтай болохын тулд Сургуулиа амжилттай төгсөхийн тулд Биеийн жингээ хасахын тулд Өглөө эрт босохын тулд	уйгагүй хөдөлмөрлөх хичээл номоо сайн давтах хүн бүртэй эелдэг харьцах бүх хичээлээ сайн хийх дасгал хөдөлгөөн их хийх орой эрт унтах	(хэрэгтэй) болдог.

3. 다음 문형을 읽어 보세요.

Сайн уу? Юу хийж байна даа?

Сайн сайн. Хичээлдээ явсан болоод л байж байна. Сайн. Арай хийж улирлын шалгалтаа дуусгасан боллоо. Бие даалтаа бичиж дуусгаад өгсөн болж хоёр яс саллаа. Би шалгалтаа өгсөн болж, багш авсан болж дуусах шиг боллоо. Ингэж хичээл номоо хийсэн болж цаг хугацааг өнгөрөөж болохгүй шүү.

4. 다음 문형을 읽어 보세요.

Чамаас Бороонoос Цаг агаараас Миний найзаас Надаас Компьютер эвдэрснээс Хичээлээ давтаагүйгээс Оройтож боссоноос Таг мартсанаас Утсаа хаяснаас	болоод	хамаг ажил баларлаа. гэрээсээ ч гарч чадсангүй. хөдөө явах ч өнгөрөх шиг байна. иймэ зүйл боллоо. Уучлаарай! тун эвгүй байдалд орчихлоо. даалгавраа ч хийж чадсангүй. шалгалтдаа бүдэрчихлээ. хичээлээ хоцорлоо. ээждээ загнуулав. бүх дугаар байхгүй болчихлоо.

5. 다음 문형을 읽어 보세요.

Та Чи	юу хийх	бодолтой байна. санаатай байна.
	ямар	

Би	гэртээ харих энэ улиралд дүнгээ ахиулах энэ амралтаараа дадлагт гарах төгсөлтийн шалгалтдаа бэлдэх дараа семестрийнхээ төлөвлөгөө гаргах аав ээжийнхээ саналыг сонсох	бодолтой байна. санаатай байна.
	дэмжих сайшаах эсэргүүцэх буруушаах шүүмжлэлтэй хандах эерэг эсрэг сөрөг	

추가 어휘

хичээлийн улирал, семестр	학기
хичээл сонсох	수업을 듣다
шалгалт өгөх	시험보다
багц цаг, кредит	학점
реферат	레포트, 보고서
сургалтын төлбөр	등록금
тэтгэлэг	장학금
туслах багш	조교
боловсрол	교육
мэргэжилтэн	전문가
төгсөх	졸업하다
магистр	석사과정
хойшлуулах	연기하다
таатай орчин	쾌적한 환경, 적절한 환경
бүрдүүлэх	등록하다
анхаарал төвлөрөх	집중하다
сатаарах	넋을 잃다, 정신이 팔리다
эргэцүүлэн тунгаагаах	심사숙고하다
арга барил	방안
баг хамт олноороо ажиллах	그룹으로 함께 일하다
үр бүтээмж нэмэгдэх	성과가 늘다
анхаарал сарних	주의가 산만하다
төсөөлөх	예상하다, 상상하다
дугуйлан	동아리
бие дааж сурах	독학하다
зөнд нь хаях	내버려두다, 마음대로 하게 두다
асууж шалгаах	문의하다, 확인하다
нэг бүр оролцох	일일이 참여하다
эрх чөлөө	자유
нас биед хүрэх	성인이 되다
өөрөө өөрийгөө авч явах	스스로를 돌보다
хувь хүний хариуцлага	개인의 책임
хараа хяналт	관리, 감독
шахалт	압박
хүсэл эрмэлзэл	소원, 희망

쓰기 연습

1. 아래의 내용을 번역해 보세요.

(1) 다음 내용을 한국어로 번역하세요.

Хэрэггүй зүйлд "Үгүй" гэж хэлж сураарай. Мөн аливааг хэзээ ч бүү хойшлуул. Үүний тулд суралцах үедээ өөрийн хамгийн таатай орчноо бүрдүүлээрэй. Хаана ямар орчинд анхаарал чинь хамгийн их төвлөрдөг вэ? Хаана илүү сатаардаг вэ? гэдгээ эргэцүүлэн тунгаагаарай. Гэхдээ өөр бусдын арга барил чамд бүрэн тохиромжтой байх боломжгүй. Зарим оюутнуудад баг хамт олноороо ажиллахад үр бүтээмж нь нэмэгддэг бол зарим оюутнуудын хувьд олон хүнтэй үед анхаарал нь сарних тохиолдол бий.

(2) 다음 내용을 몽골어로 번역하세요.

성공적인 대학생활이란 무엇일까요? 저는 성공을 '자신이 진정으로 원하는 것을 찾는 것이고, 즐겁게 그것을 하는 것'이라 정의하고 싶습니다. 따라서, 성공적인 대학생활이란 '자신만의 꿈과 목표를 찾고, 그 곳으로 가는 길을 탐색하고, 만들어 나가는 과정', 즉 원하는 것을 찾고, 그것을 해나가는 과정이라고 생각합니다.

2. 학교 생활에 대하여 글을 써 보세요. 먼저 다음 내용을 읽어 보세요.

(1) Оюутан болохоосоо өмнө их сургуулийн амьдралыг хэрхэн төсөөлж байсан бэ?
Хичээл ном гэхээсээ илүүтэйгээр өөрийн сонирхолтой дугуйланд очиж олон найз нөхөдтэй болохыг хүсэж байсан. Их сургуульд орохынхоо өмнө зөвхөн өөрийнхөө дуртай хичээлийг л сонгож сонсоод болчихно гэж бодож байсан чинь бас тийм биш юм байна лээ.

(2) Оюутан болсон чинь их сургуулийн амьдрал ямар байна? Төсөөлж байснаас өөр байна уу?
Яг оюутан болсон чинь өөрөө бие дааж сурах хэрэгтэй болдог юм байна. Ахлах сургууль шиг багш нар нэг бүрчлэн зааж хэлээд байхгүй. Нэг бодлын намайг сурвал сураг, байвал байг гээд зөнд нь хаячих шиг санагдсан. Манай аав ээж ч гэсэн адилхан. Өдөр болгон хичээл номоо сайн хийж байгаа эсэхийг асууж шалгаахгүй, миний сургууль номд нэг бүр оролцохоо болчихсон.

(3) Оюутан болоод юу хийхийг хамгийн их хүсэж байна вэ?
Эрх чөлөөтэй, бие даасан байдал. Тодорхой хэмжээгээр нас биед хүрсэн болохоор өөрөө өөрийгөө авч явах, цагийн ажил хийж халаасныхаа мөнгийг олох, ганцаараа хөлсний байранд амьдрах гээд олон зүйлийг хийж үзэхийг хүсэж байна. Бас тэр хэмжээгээрээ хувь хүний хариуцлага гэдэг зүйлийг бага багаар мэдэрч эхэлж байна.

(4) Удахгүй их сургуулийн оюутан болох дүү нартаа хандаж юу хэлмээр байна.
Дунд, ахлах сургуульд байхдаа хэн нэгний хараа хяналт, шахалтан доор хичээл номоо хийдэг байсан бол их сургууль гэж өөр юм байна. Өөрөө сурах хүсэл эрмэлзэлтэй байж хэнээр ч шахуулж шаардуулалгүй өөрийнхөө төлөө, ирээдүйнхээ төлөө эрдэм мэдлэг олж авч өөрийгөө хөгжүүлдэг газар юм байна гэдгийг хэлэхийг хүсэж байна.

(5) 위에 메모한 내용을 바탕으로 취미생활에 대하여 글을 써 보세요

3. '학교 생활' 다음 질문에 대해 간단하게 메모해 보고 그 내용을 바탕으로 글을 작성해 보세요.

(1) Оюутан болохоосоо өмнө их сургуулийн амьдралыг хэрхэн төсөөлж байсан бэ?

(2) Их сургуулийн амьдрал ямар байна? Төсөөлж байснаас өөр байна уу?

(3) Оюутан болоод юу хийхийг хамгийн их хүсэж байна вэ?

(4) Багш нартаа хандаж юу хэлэхийг хүсэж байна вэ?

(5) Удахгүй их сургуулийн оюутан болох дүү нартаа хандаж юу хэлмээр байна.

(6) 위에 메모한 내용을 바탕으로 글을 써 보세요.

말하기 연습

1.

- Их сургуулийн амьдралын хамгийн сайхан зүйл нь юу вэ?
- Мэдээж хэрэг өөрийнхөө хүссэн мэргэжлээ эзэмшихийн тулд их зүйлийг сурч мэднэ гэдэг нь хамгийн сайхан зүйл юм. Эрдэм мэдлэг сурч өөрийгөө хөгжүүлэх хамгийн том боломжийг олгодог. Түүгээр ч үл барам, цаашид дэвшин суралцах, гадаад оронд очиж мэргэжлээ дээшлүүлэх боломж бололцоог нээж өгдөг.
  Бас би их сургуульд ороод олон сайхан найз нөхөдтэй, хамт олонтой болсон. Бид бүхний өмнөө тавьсан зорилго ижил төстэй болохоор бие биеэсээ суралцаж, туршлага мэдлэгээ хуваалцдаг. Олон нийтийн арга хэмжээнд идэвхтэй оролцож олон найз нөхөдтэй ойртон дотносдог.
  Хэрхэн яаж сурах, өөрийгөө яаж хөгжүүлэх, асуудлыг яаж шийдвэрлэх зэрэг бид бүхний өмнө өдөр болгон тулгарч байдаг асуудлыг бид багш нартайгаа зөвлөлдөн сургаалийг нь сонсож цаашдын ажил мэргэжил, амьдралдаа бэлддэг.

2.

- Оюутан байхад хамгийн их тулгарч байдаг хүндрэлтэй зүйлүүд юу байдаг вэ?
- Анх оюутан болоод орж ирж байхад шинэ орчин, шинэ арга барилд дасах хамгийн хэцүү байсан. Оюутны амьдралд дасахад юун түрүүнд дээд ангийнхаа ах эгч нараасаа сайн асууж зөвлөгөө авах; хичээлээ яаж хийх, ямар зүйл дээр анхаарах тухайгаа багш нартайгаа байнга зөвлөлдөж байх нь хамгийн чухал санагдсан.
  Түүний дараа нь мэргэжлийн чиглэл, мэргэшлээ сонгох хамгийн хэцүү байсан. Энэ бол миний цаашдын амьдралыг шийдэх чухал алхам учраас өөрөө сайн бодож, эцэг эх, багш нартайгаа илэн далангүй ярьж зөвлөх нь хамгийн чухал юм.
  Их сургууль бол өөрийгөө амьдралд бэлдэх хязгааргүй боломжийг олгож байдаг боловч өөрийнхөө цагыг зөв төлөвлөж, бүх зүйлд эмх цэгцтэй хандахгүй бол нэг л мэдэхэд тэр боломжоо алдаж болно.

3.

- Би олон хүний өмнө гараад илтгэл тавих болохоороо сандраад юу ярих гэж байснаа таг мартчих юм. Яавал олон хүний өмнө чөлөөтэй илтгэл тавьж, өөрийнхөө бодол санаагаа бүрэн гүйцэд илэрхийлж сурах вэ?
- Хэн ч гэсэн олон хүний харц, анхаарал өөр дээр нь ирэхэд сандарч тэвддэг. Ганцхан чи ч биш. Бүгд сандарч тэвддэг. Зөвхөн тухайн нөхцөл байдалд өөрийгөө хэрхэн тайвшруулах, илтгэлээ хэрхэн бүрэн төгс тавьж сурах вэ гэдэг л хамгийн чухал юм. Нэгдүгээрт, илтгэлээ тавихынхаа өмнө “Яагаад би энэ илтгэлийг тавих болов?”, “Энэ илтгэлийг тавьснаараа надад ямар үр дүн бий болох вэ?”, “Энэ илтгэлийг сонсож байгаа хүмүүст юу хүргэхийг зорив?” гэдгээ сайн бодох хэрэгтэй.

  Түүний дараа хамгийн чухал зүйл бол “бэлтгэл”. Дахин дахин бэлдэж үг хэллэг, агуулгаа өөрийн болгох шаардлагатай. Чанга дуугаар ганцаараа уншиж бэлтгэл хийх юм уу, толины өмнө зогсоод илтгэлээ уншин бэлтгэл хийж болно. Мөн бэлтгэл хийж байхдаа дүрс бичлэгээр бичин дараа нь түүнийгээ харж ямар зүйл дээр алдаа гаргаж байгаагаа харж засах хэрэгтэй.

  Хамгийн сүүлд нь, өөрийнхөө гар хөл, нүдний хөдөлгөөн, нүүрний хувирал чинь илтгэл тавьж байхад эерэг нөлөө үзүүлж байна уу, аль эсвэл сөрөг нөлөө үзүүлж үзүүлж байна уу гэдгээ харах хэрэгтэй. Хэтэрхий их хөдөлгөөн хийх нь сонсож байгаа хүмүүсийн анхаарлыг сарниулах сул талтай. Мөн нүүр болон нүдний хөдөлгөөн зэрэг нь илтгэлийн агуулгаа хэрхэн өөрийн болгосон байна вэ гэдгийг хүмүүст үзүүлэх тусгал болж байдаг.

단원 평가

1. 두 학생의 대화를 듣고 질문에 답하세요.

Эрэгтэй Энэ удаа хэчнээн хичээл сонгосон бэ?
Эмэгтэй Энэ удаа таваас илүү хичээл сонгож чадсангүй.
Эрэгтэй Ямар ямар хичээл сонгов?
Эмэгтэй Монгол хэлний зүй, яриа, монголын уран зохиол, ёс заншил, түүхийн хичээл сонсохоор боллоо. Харин чи?
Эрэгтэй Би уран зохиолоос бусдыг нь сонгосон. Надад хэтэрхий хүнд санагдаад.

① Эмэгтэй оюутан таван төрлийн хичээл сонсохоор болсон.

② Энэ хоёр оюутан уран зохиолын хичээл хамт сонсоно.

③ Эмэгтэй оюутанд монгол хэлний хичээл хүнд санагддаг.

Минсү Ану! Энэ удаагийн шинээр ирсэн оюутнууд монгол хэл аль зэрэг сурч байна?
Ану Их мэрийж байгаа. Гэхдээ одоохондоо учраа олохгүй л байх шиг байна.
Минсү ______________________.

① Өөр анги руу шилжинэ гэж үү?

② Сайн зааж, тусалж өгч байгаарай.

③ Бүгдээрээ шалгалтандаа уначихсан.

④ Дэвтэр номоо сайн бэлдээрэй.

Болд Дараагийн долоо хоногт хичээл дээр илтгэл тавина. Сайн хийж чадах болов уу яах бол. Одооноос бүр санаа зовоод байна.
Цэцэг Илтгэл тавихад юуны өмнө өөртөө итгэлтэй байх нь хамгийн чухал. Илтгэл тавихынхаа өмнө урьдчилан бэлтгэж өөр хүмүүсийн өмнө уншиж бэлтгэл хийвэл өөртөө итгэлтэй болж их тус болдог. Хэрэг гарвал намайг дуудаарай. Би сонсож өгч болно шүү.

① Илтгэл тавихад уншиж ярихаас илүү агуулга нь чухал.

② Бэлтгэл хийхдээ өмнө нь хийж үзсэн хүнтэй хамт хийх нь чухал.

③ Урьдчилан бэлтгэл хийвэл өөртөө итгэлтэй болж чадна.

④ Илтгэл сайн тавивал олон хүмүүстэй уулзана.

06 Ажил ба Амралт

워라밸

학습목표

1. 워라밸(일과 삶의 균형) 표현 익히기
2. 몽골어의 2인칭 종결어미 용법 익히기
3. 몽골어의 3인칭 종결어미 용법 익히기

1. 일과 삶의 균형이라는 것은 어떤 개념입니까?
2. 몽골어의 문장종결어미는 왜 인칭 제약을 가집니까?
3. 몽골어의 2인칭, 3인칭 종결어미에는 어떠한 어미들이 있습니까?

어휘 및 표현

зохицуулах	조정하다, 조절하다
чадвар	능력, 역량
тэнцвэр	균형
эрүүл амьдрал	건강한 삶
эрхэмлэх	존대하다, 예우하다, 숭배하다, 숭상하다, 존숭하다
эрүүл мэнд	건강
зөв хэвшил	올바른 습관
ач холбогдол	중요성, 의의
ажлын бүтээмж	업무 성과
өрсөлдөх чадвар	경쟁력
гүйцэтгэлийн чанар	수 행 능력
үнэт зүйл	가치
уялдуулах	연관시키다
цаг гаргах	시간을 내다, 짬을 내다
хойш тавих	뒤로 미루다
нөхцөл боломцоо	기회, 가능성
хэвшил	습관
ажлын байр	일자리
цалин хөлс	월급, 급여
зав цагаа зарцуулах	시간을 내다, 짬을 내다
орлого	수입
мөнгө төгрөг хураах	돈을 벌다
хуримтлалтай болох	저축하다
өөртөө зарцуулах	자신에게 쏟다, 자신에게 시간을 내다
санал нийлэх	의견이 일치하다
баримтлах	따르다, 준수하다
зарчим	원칙
анхаарлаа төвлөрүүлэх	주의를 집중시키다
зүрх сэтгэлээ зориулах	마음을 다하다
анхаарлаа хандуулах	주의를 기울이다, 관심을 갖다

본문

Ажил ба Амралт

Ажил амралтаа зохицуулж амьдарна гэдэг бол хувь хүний чухал чадварын нэг юм. Бид бүхэн зав чөлөөгүй сурч, хөдөлмөрлөхийн зэрэгцээ өөртөө зав цаг гарган амарч чаддаг байх хэрэгтэй.

Ажил амьдралын тэнцвэр гэж юу вэ? Эрүүл амьдралын хэв маягийг эрхэмлэх болсон энэ цаг үед ажил амьдралынхаа тэнцвэртэй байдлыг хадгалж чадах нь зөвхөн эрүүл мэнд, хувь хүний амьдралын зөв хэвшилд чухал ач холбогдолтой төдийгүй ажлын бүтээмж, өрсөлдөх чадвар, гүйцэтгэлийн чанарыг сайжруулдаг байна.

Зарим талаар, бид өөрсдийн амьдралын хэвшил, үнэт зүйлээ зөвхөн эрхэлж буй ажилдаа л уялдуулан амьдарч байна гэхэд хилсдэхгүй. Мэдээж ажил мэргэжилдээ амжилт гаргахын төлөө хичээн зүтгэх нь нэг талаараа хувь хүний карьертаа хувь нэмэр оруулж байгаа хэрэг боловч нөгөө талаараа сурч боловсрох, өөрийн хобби сонирхлоо хөгжүүлэх, ойр дотны хүмүүстээ цаг гаргахаа хойш тавихад хүргэдэг.

Хүмүүс дандаа “Завтай ч болоосой. Сайхан амрах юмсан”, “Мөнгөтэй ч болоосой. Аялалаар явах юм сан” гэж ярьдаг. Хэчнээн завгүй, хэчнээн мөнгөгүй байсан ч гэсэн нөхцөл боломцоондоо тохирсон чөлөөт цагийг өөртөө гаргах хэрэгтэй. Бид өөрийнхөө дуртай зүйл, сонирхсон зүйлд зав цаг гаргах нь амьдралын нэгэн том хэвшил, соёл юм. Хэчнээн чухал ажилтай байсан ч гэсэн ажил амралтаа зохицуулж амьдрах хэрэгтэй гэдгийг мартуузай.

대화 1

Болд Маргааш өглөө эрт явна гэсэн шүү. Мартав аа!

Туяа Юу билээ? Би нэг л санахгүй байх чинь.

Болд Өө, чи мартчихсан юм уу? Маргааш амралтын өдрөөр ууланд гарцгаая гэж ярьсан биз дээ?

Туяа Өө, тийм билүү? Би бүр ажил ажил гэсээр байгаад бүр таг мартчихаж.

Болд Хийж байгаа ажил чинь чухал байлгүй яахав. Гэхдээ ажил амралтаа зохицуулж амьдрахгүй бол наад бие чинь яаж тэсэх вэ?

Туяа Харин тийм ээ. За тэгвэл би өнөөдөр эртхэн унтаж амарна аа. Маргааш бороо л битгий ороосой!

Болд Өглөө эрт босоорой! Унтчихуузай!

대화 2

Туяа Болд оо! Чи сургуулиа төгсөөд ажлын байраа сонгохдоо хамгийн түрүүнд юуг нь харах вэ?

Болд Мэдээж цалин хөлс. Аль нь өндөр цалинтай ажлын байр байна тийшээ л орно доо. Харин чи?

Туяа Харин би бол аль болох хувийн амьдралдаа зав цаг зарцуулж болох ажлыг сонгох бодолтой байна. Ер нь сүүлийн үеийн хүмүүс ажил амьдралын тэнцвэртэй байдлыг их чухалд тооцох болсон шүү дээ. Ажил чухал байлгүй л яахав. Гэхдээ хувь хүнийхээ хувьд сурч боловсорч өөрийгөө хөгжүүлэх, дуртай зүйлдээ зав цагаа зарцуулах, гэр орныхон найз нөхдөдөө цаг гаргах гээд ажил ажил гээд байлгүй өөртөө бас зав гаргах хэрэгтэй.

Болд Гэхдээ л бид нар шиг дөнгөж ажлын байран дээр гарч байгаа хүмүүс юу юунаас илүүтэйгээр орлого чухал шүү дээ. Эрч хүчтэй залуу насандаа их ажиллаж, мөнгө төгрөг хурааж, байр орон авч, бас тодорхой хэмжээний хуримтлалтай болох хэрэгтэй.

Туяа Тэр ч тийм л дээ. Гэхдээ хүмүүсийг хараад байхад ажил ажил гэсээр байгаад залуу насаа дуусгасан хүмүүс байдаг. Сүүлд нь нас ахиад мөнгөтэй ч гэсэн өөрийнхөө хүссэнээр аялж зугаалж чадахгүй, зав цагаа өөртөө зарцуулж чадахгүй тийм л болчихдог юм шиг санагдсан. Би бол аль болох өөрийнхөө амьдралыг зөвхөн ажилд биш өөрийнхөө хүсэл мөрөөдөл, аз жаргал, эрүүл мэндэд зориулж амьдрах хэрэгтэй гэж бодож байна.

대화 3

Туяа Болд оо! Сүүлийн үед хүмүүс ажил, амьдралын тэнцвэртэй байдлын тухай их ярих болжээ. Чи үүний тухай ямар бодолтой байдаг вэ? Чи ямар зарчим барьдаг вэ?

Болд Миний хувьд бол яг 100% санал нийлдэггүй. Өөрөөр хэлбэл, миний баримталдаг зарчим бол яг одоо надад юу хамгийн чухал байна вэ гэдгийг хамгийн түрүүнд тавьж үздэг. Яг одоогийн байдлаар би залуу хүн учраас аль болох өндөр орлоготой ажил, мөн хуримтлал үүсгэх зорилгоо хамгийн чухал гэж боддог.

Туяа Гэхдээ хувийнхаа амьдралд зав гаргадаг биз дээ?

Болд Гаргалгүй яахав. Гэхдээ би энэ тал дээр оройн цаг буюу ажил тарсны дараа зав цагаа өөртөө зориулахыг хичээдэг. Миний дуртай хобби сонирхол, амралт, гэр бүл, найз нөхдийн харьцаа, өөрийгөө хөгжүүлэх гээд боломжтой бүхий л зүйлээ оройн цагаар тааруулахыг хичээдэг. Бас "Би хаана юу хийж байна?". Зөвхөн түүндээ л бүх анхаарлаа төвлөрүүлэхийг хичээдэг. Өөрөөр хэлбэл, ажил дээрээ байвал ажилдаа л хамаг зүрх сэтгэлээ зориулна, гэртээ байвал гэр бүлийнхэндээ л хамаг анхаарлаа хандуулна гэж боддог.

문법설명

1. 2인칭 문장종결어미 -уузай / -үүзэй

(1) 2인칭 주의의 의미를 나타낸다. 즉, 청자에 대한 화자의 환기, 경계의 양태 의미를 나타내며 또한 걱정이나 염려 같은 화자의 주관적 정서를 표현하는 특성을 지닌다는 점에서 '금지'의 양태적 의미와도 관련이 있다.

Та маргааш 2 цагт хуралтай гэдгийг мартуузай.
Өглөө унтчихуузай.
Тэгж байгаад халтираад уначхуузай.

(2) 구어체에서 '-в аа/ээ/оо/өө'로 사용되는 경우가 많다.

Маргааш 2 цагт хуралтай гэдгийг мартав аа!
Өглөө унтчихав аа!
Тэгж байгаад халтираад уначхав аа!

(3) '-уузай / -үүзэй' 어미는 무정물에 대해 언급하는 경우 짝을 이루어 쓰이지 않는다. 이 경우에 아래 예문과 같이 화자의 걱정이나 염려를 나타내는 양태첨사 'бий, вий'와 짝을 이루어 나타내는 경우가 드물게 나타난다.

*Зайрмаг хайлчхуузай.
*Зайрмаг хайлчхав аа.
Зайрмаг хайлчих вий! Хөргөгчинд хийгээрэй.

*Бороо орчхуузай.
*Бороо орчхов оо.
Бороо орох вий! Угаасан юмаа гэртээ оруулж тавиарай.

2. 3인칭 문장종결어미 -г

동사 어간에 '3인칭 명령, 원망 종결어미 -г'를 연결하여 3인칭에 대한 명령, 원망, 협의, 요구 등의 의미를 나타낸다.

Та энэ ажлыг битгий хий! Болд хийг!
선생님은 이 일을 하지 마세요. 볼드가 하도록 하세요.
Та жаахан чанга ярь! Эд нар сайн сонсог!
선생님이 좀 크게 말하세요. 이 사람들이 듣게 하세요.
Тэр өнөөдөр яваг!
그 사람이 오늘 간다면 가게 두세요.

3. 3인칭 문장종결어미 -аасай/-ээсэй/-оосой/-өөсэй

동사 어간에 '3인칭 명령, 원망 종결어미 -аасай[4]'를 연결하여 3인칭에 대한 바람이나 희망, 원망의 의미를 나타낸다.

Бороо ороосой. Дэндүү халуун байна.
Аав минь хурдан ирээсэй.
Хурдан зун болоосой. Хөдөө аялалаар явах юм сан.
Завтай ч болоосой. Долоо хоног хөдөө явах сан.
Мөнгөтэй ч болоосой.

듣기 연습

1. 다음 문장을 듣고 따라서 말하세요.

» Чи юмаа мартуузай!
» Чи маргааш хоцруузай!
» Чи ам алдуузай!

» Чи юмаа мартав аа!
» Чи маргааш хоцров оо!
» Чи ам алдав аа!

» Дорж утасдуузай. Утсаа сайн сонсож байгаарай.
» Дорж утасдах вий. Утсаа сайн сонсож байгаарай.

» Үдээс хойно бороо орох вий. Эртхэн хөдөлье.
» Хол газар явж байхад муу зүйл дайрах вий. Болгоомжтой яваарай.
» Шил нь хагарчих вий. Сайн боож баглаарай.

2. 다음 문장을 듣고 따라서 말하세요.

» Би энэ номыг уншъя.
» Чи энэ номыг унш.
» Чи энэ номыг уншаарай.
» Чи энэ номыг уншаач.
» Тэр энэ номыг уншиг.

» Тэр үзвэл үзэг.
» Тэр мэдвэл мэдэг.
» Тэд үүнийг сайн бодог.
» Тэр энэ тухай найздаа яриг.
» Эхлээд тэр энэ тухай аав ээжтэйгээ зөвлөг.

3. 다음 문장을 듣고 따라서 말하세요.

» Аав ирээсэй.
» Өнөөдөр сайхан өдөр болоосой.
» Тэд хурдан яваасай.
» Цалин буух өдөр хурдан болоосой.
» Хар салхи битгий ирээсэй.
» Тэр шалгалтдаа битгий уначхаасай.

읽기 연습

1. 다음 문형을 읽어 보세요.

<table>
<tr><td rowspan="2">Чи
Та
Та нар</td><td rowspan="2">болзсон цагаасаа
хэлсэн үгнээсээ
шалгалтдаа
сэжиг
энэ тухай</td><td>хоцруузай!
буцуузай!
унуузай!
авхуулуузай!
хэлүүзэй!</td></tr>
<tr><td>хоцров оо!
буцав аа!
унав аа!
авхуулав аа!
хэлэв ээ!</td></tr>
</table>

2. 다음 문형을 읽어 보세요.

<table>
<tr><td rowspan="2">Тэр
Тэд нар
Болд</td><td rowspan="2">ажил дээр
ганцаараа
хичээлээ</td><td>хүрээд ирүүзэй!
яваад өгүүзэй!
хийхгүй байгуузай!</td></tr>
<tr><td>хүрээд ирэх вий!
яваад өгөх вий!
хийхгүй байх вий!</td></tr>
<tr><td>Бороо
Цас</td><td colspan="2">орох вий.</td></tr>
</table>

3. 다음 문형을 읽어 보세요.

<table>
<tr><td rowspan="4">Тэр
Тэд нар
Миний дүү
Болд</td><td colspan="2">яваг.
үзэг.
уншиг.</td></tr>
<tr><td>явбал
үзвэл
уншвал</td><td>яваг.
үзэг.
уншиг.</td></tr>
<tr><td>дуустал нь
иртэл нь</td><td>уншиг.
хүлээг.</td></tr>
<tr><td>ойлготлоо
цадталаа</td><td>уншиг.
идэг.</td></tr>
</table>

4. 다음 문형을 읽어 보세요.

Миний хүү хурдан том болоосой.
Өнөөдөр дулаахан байгаасай.
Тэр тамхинаас гараасай.
Жаахан ч гэсэн зав цаг гардаг болоосой.
Тэр кино хурдан нээлтээ хийгээсэй.

Багш намайг битгий асуугаасай.
Муу муухай зүйл бүү тохиогоосой.
Дайн битгий гараасай.
Цахилгаан битгий тасраасай.
Юмны үнэ битгий нэмэгдээсэй.

추가 어휘

төгс төгөлдөр	완전한, 완벽한
тэмүүлэх	추구하다
амжилт гаргах	성과를 내다
анхаарал хандуулах	관심을 갖다, 주의를 기울이다
үүрэг хариуцлага	책임, 책무, 의무
зохистой харьцаа	적합한 관계
зохистой	타당한, 적합한
биелэх	성취하다, 실현하다
оюун ухаан	지혜
зарчим баримтлах	원칙을 지키다, 원칙을 준수하다
огцом өөрчлөлт	급격한 변화
тэнцвэргүй байдал	불균형
амьдралын хэвшлээ өөрчлөх	삶의 습관을 바꾸다
эрхэм нандин	숭고한, 순결한
цалин хангамж	월급, 급여
санхүүгийн чадамж	재정 능력
өөрийгөө цэнэглэх	자신을 충전하다
амьдралын хэрэгцээ	삶의 욕구
хангалуун амьдрах	충분히 살다. 만족하게 살다
амьдралын чанар	생활력
цагаа дэмий үрэх	시간을 헛되이 소비하다, 시간을 헛되이 낭비하다
татгалзах	거절하다, 거부하다
үр бүтээмжтэй	효율적인, 생산적인
өөрийгөө дайчлах	자신의 힘을 발휘하다
сануулах	주의를 주다, 경고하다
амиа бодох	이기적인 생각을 하다
төлөвлөгөө зохиох	계획을 세우다

쓰기 연습

1. 아래의 내용을 번역해 보세요.

(1) 다음 내용을 한국어로 번역하세요.

Бага балчир байхад бүх зүйлийг төгс төгөлдөр болгохын төлөө тэмүүлэх амархан. Харин насанд хүрэгчдийн хувьд бол амьдрал гэдэг хамаагүй төвөгтэй зүйл байдаг. Ажлаа хийж амжилт гаргахын төлөө хөдөлмөрлөхийн зэрэгцээ гэр бүлдээ анхаарал хандуулж, үр хүүхдээ өсгөн хүмүүжүүлэх хэрэгтэй болно. Энэ мэт олон үүрэг хариуцлагын улмаас "төгс төгөлдөр" гэдэг зүйл чамаас улам бүр холдсоор байх болно. Харин энэ үед та үүнийг хүлээн зөвшөөрөлгүй, өөрөөсөө улам ихийг шаардан шахсаар байвал жинхэнэ утгаараа "сүйрэх" болно шүү.

(2) 다음 내용을 몽골어로 번역하세요.

취직도 힘든 요즘 취직 후에도 살기가 쉽지 않습니다. 이런 직장인들을 대상으로 만든 단어 '워라밸'. 어떤 뜻이고 어떻게 만들어진 걸까요? 워라밸은 'Work-Life Balance'의 약자입니다. 일도 중요하지만 인생을 즐기면서 사는 것도 중요합니다. 일을 엄청 많이 해서 돈을 왕창 벌고, 사고 싶은 차와 좋은 집을 살 수도 있지요. 그걸로 즐거움을 느낀다면 다행이지만 혹시나 허무함을 느낀다면 좋지만은 않겠죠. 부자라고 무조건 행복하지 않다는 말이 있잖아요.

2. 일과 삶의 균형에 대하여 글을 써 보세요. 먼저 다음 내용을 읽어 보세요.

(1) Таны хувьд ажил хөдөлмөр, хувийн амьдрал хоёрын аль нь чухал вэ?
Миний бодлоор, аль аль нь чухал гэж бодож байна. Гэхдээ энэ хоёрын зохистой харьцааг олж аль нэгэнд нь хэтэрхий зав цагаа зарцуулахгүй байх нь чухал байх. Хуучин би мөнгө их олж байвал миний амьдрал жаргалтай болно гэж боддог байлаа. Харин одоо бол тийм биш. Зөвхөн ажлын төлөө амьдрах бус түүний хажуугаар ар гэртээ анхаарал хандуулж, өөрийгөө байнга хөгжүүлж, эрүүл мэнддээ анхаарч байх нь туйлын чухал гэж боддог болсон.

(2) Та зав чөлөөгүй ажил сургуулийн хажуугаар өөртөө хэрхэн зав гаргадаг вэ?
Би хамгийн түрүүнд зохистой төлөвлөгөө гаргасан. Хэзээ ажлаа хийх, хэзээ амрах, хэзээ өөрийнхөө дуртай хобби сонирхлыг хөгжүүлэх гээд нэг бүрчлэн төлөвлөгөө гаргадаг. Энэ төлөвлөгөөгөө гаргахдаа бас биелэх боломжтой эсэхийг сайтар бодож байж гаргах хэрэгтэй гэж бодож байна.

(3) Таны хувийн амьдралд юу хамгийн чухал гэж бодож байна вэ?
Мэдээж гэр бүл. Бас эрүүл мэнд. Хүн өөрийгөө байнга хөгжүүлж байх хэрэгтэй гэж боддог. Бие махбод хөгширч болох хэдий ч оюун ухаан хөгширч, хуучирч болохгүй гэж боддог.

(4) Ажил амьдралын тэнцвэрийг бий болгохын төлөө ямар зарчим баримтлах нь зөв гэж бодож байна вэ?
Ажил амьдралын зохистой тэнцвэрийг бий болгохын тулд бага зүйлээс эхлэх хэрэгтэй гэж бодож байна. Ямар нэгэн огцом өөрчлөлт бас нэгэн өөр тэнцвэргүй байдлыг бий болгож болно. Тиймээс өөртөө ямар зүйл чухал хэрэгтэй болохыг төлөвлөсний дараа түүнийгээ бий болгохын төлөө бага багаар өөрийгөө болон амьдралын хэвшлээ өөрчлөх нь хамгийн зүйтэй байх.

(5) 위에 메모한 내용을 바탕으로 취미생활에 대하여 글을 써 보세요

3. 일과 삶의 균형에 대하여 간단하게 메모해 보고 그 내용을 바탕으로 글을 작성해 보세요.

(1) Таны хувьд ажил хөдөлмөр, хувийн амьдрал хоёрын аль нь чухал вэ?

(2) Та зав чөлөөгүй ажил сургуулийн хажуугаар өөртөө хэрхэн зав гаргадаг вэ?

(3) Таны хувийн амьдралд юу хамгийн чухал гэж бодож байна вэ?

(4) Ажил амьдралын тэнцвэрийг бий болгохын төлөө ямар зарчим баримтлах нь зөв гэж бодож байна вэ?

(5) 위에 메모한 내용을 바탕으로 글을 써 보세요.

말하기 연습

1.

- Болд оо! Чиний амьдралын хамгийн эрхэм нандин, хамгийн чухал зүйл юу вэ?
- Мэдээж олон зүйл байж болно л доо. Тэр дундаас эрхэм нандин зүйл гэвэл миний гэр бүл, аав ээж гэж хэлж болох байх аа. Түүний дараа миний ажил төрөл, хүсэл мөрөөдөл гээд олон зүйл байна шүү дээ.
- Тэгвэл чи ямар үед хамгийн их аз жаргал мэдэрдэг вэ?
- Ямар нэгэн зүйл худалдаж авахдаа... Өөрөөр хэлбэл, мөнгөтэй байхдаа. Мөнгө бол хүний амьдрал дахь хамгийн чухал зүйлүүдийн нэг гэж хэлж болно. Тийм ч болохоор би сургуулиа төгсөөд цалин хангамж сайтай сайн компанид ажлаар орох бодолтой байна. Ер нь хүн залуу байхдаа зовлон их үзэж мөнгө төгрөг сайн цуглуулах, санхүүгийн тодорхой чадамжтай болох хэрэгтэй гэж боддог. Мөнгөгүй бол юу ч хийж чадахгүй шүү дээ.

2.

- Хүн өөрийгөө байнга хөгжүүлж байхын ач холбогдол юу вэ?
- Хүн өөрийгөө хөгжүүлж, мэдлэг боловсролоор өөрийгөө цэнэглэж байх нь олон талын ач холбогдолтой гэж хэлж болно. Хамгийн нэгдүгээрт, хүн өөрийгөө хөгжүүлснээр одоо байгаагаасаа илүү боломжийг олж авч чадах нөхцөл бүрэлдэж болох юм. Тухайлбал, хувь хүний карьер, албан тушаалаа өсгөх, цалин хангамжаа нэмэгдүүлэх зэрэг нөхцөл бүрдэж болно. Энэ нь эргээд тухайн хувь хүний амьдралын хэрэгцээг хангаж, хангалуун амьдрах, амьдралын чанар нэмэгдэх зэрэг сайн талтай, хоорондоо уялдаа холбоотой зүйл юм.

3.

- Сүүлийн үеийн залуучуудад захиж хэлэх зүйл юу байна?
- Цагаа дэмий үрэх зүйлээс татгалзаж чаддаг байх хэрэгтэй гэж захимаар байна. Чамд оногдож буй цаг хугацаа хамгийн үнэ цэнтэй зүйл гэдгийг ойлгох хэрэгтэй. Тиймээс түүнийгээ зөв зүйтэй, үр бүтээмжтэй зарцуулж сурахын тулд өөрийгөө дайчлах хэрэгтэй. Ингэхийн тулд хамгийн түрүүнд өөрийнхөө амьдралд хэн, юу чухал болохыг тодорхойлох хэрэгтэй. Дараа нь түүнд хамаарах хүрээгээ тогтоо. Ингэж байж л үнэ цэнтэй зүйлдээ өөрийгөө зориулж чадна. Интернэт дээр хэрэггүй цаг үрж суух, ажлын үеэр сошиал медиа ухаад байлгүй тэдгээр зүйлээс татгалзах хэрэгтэй. Хүмүүс цагийг тань үрээд байвал эелдгээр сануул. Чухал өдрийн өмнө найзууд тань баяр тэмдэглэх гэвэл татгалз. Зарим хүнд амиа бодсон мэт санагдаж магадгүй. Гэхдээ тийм биш. Онгоц осолдох үед таны хажууд хайртай хүмүүс чинь байсан ч гэсэн хамгийн түрүүнд өөрийнхөө хүчилтөрөгчийн маскийг түрүүлж зүүх ёстой байдагтай л адил гэж ойлго.

단원 평가

1. 다음을 읽고 물음에 답하세요.

Шинэ жил эхлэхэд хүмүүс төрөл бүрийн төлөвлөгөө зохиодог. Анхандаа бүх зүйл төлөвлөсний дагуу болж бүтэх юм шиг санагддаг. Гэхдээ цаг хугацаа өнгөрөхийн хирээр төлөвлөсний дагуу болж бүтэхгүй зүйл их гарна. Тиймээс анхнаасаа (ⓐ) зүйл төлөвлөсөн дор бол сайн бодож байгаад ерөөсөө тийм төлөвлөгөө гаргахгүй байсан нь дээр ч байж магадгүй.

(1) (ⓐ)에 가장 알맞는 것을 고르세요.

① төлөвлөөгүй

② болж бүтэхгүй

③ мэдээгүй

④ хараагүй

(2) 글의 내용과 같은 것을 고르세요.

① Цаг хугацаа өнгөрөх тутам төлөвлөгөө өөрчлөгддөг.

② Анхнаасаа том төлөвлөгөө зохиох нь дээр.

③ Төлөвлөгөө гаргахдаа анхнаасаа сайн бодож төлөвлөх хэрэгтэй.

④ Анх гаргасан төлөвлөгөө сүүлд нь мартагддаг.

2. 다음을 읽고 글의 내용과 같은 것을 고르세요.

Сүүлийн үед эрэгтэйчүүд хоолны дамжаанд ихээр суралцах болжээ. Эхнэр нөхөр хоёулаа ажил төрөл хийдэг тул аль зав цаг гарсан нь амттай сайхан хоол хийж бэлдэхийн тулд ийнхүү дамжаанд суралцах болсон гэнэ. Бас төрөл бүрийн хоол хийж сурах сонирхлын үүднээс дамжаанд явдаг хүмүүс ч их байдаг байна. Өөрөөр хэлбэл, ажил амьдралын хэрэгцээ шаардлагаар бус зүгээр л амттай хоол хийх дуртай учраас тэр юм.

① Сүүлийн үед эхнэр нөхөр хамтдаа хоолны дамжаанд явдаг болжээ.

② Ажил төрөл ихтэй эрэгтэйчүүд хоол сайн хийдэггүй.

③ Сүүлийн үед эрэгтэйчүүд ч гэртээ дандаа хоол хийж бэлддэг.

④ Эрэгтэй тогооч нар амттай хоол илүү сайн хийдэг.

MEMO

07 Эрүүл хооллолт

건강한 식생활

학습목표

1. 건강한 식생활 관련 표현 익히기
2. 몽골어의 부정문과 부정극어 알아보기
3. 몽골어의 후치사 익히기

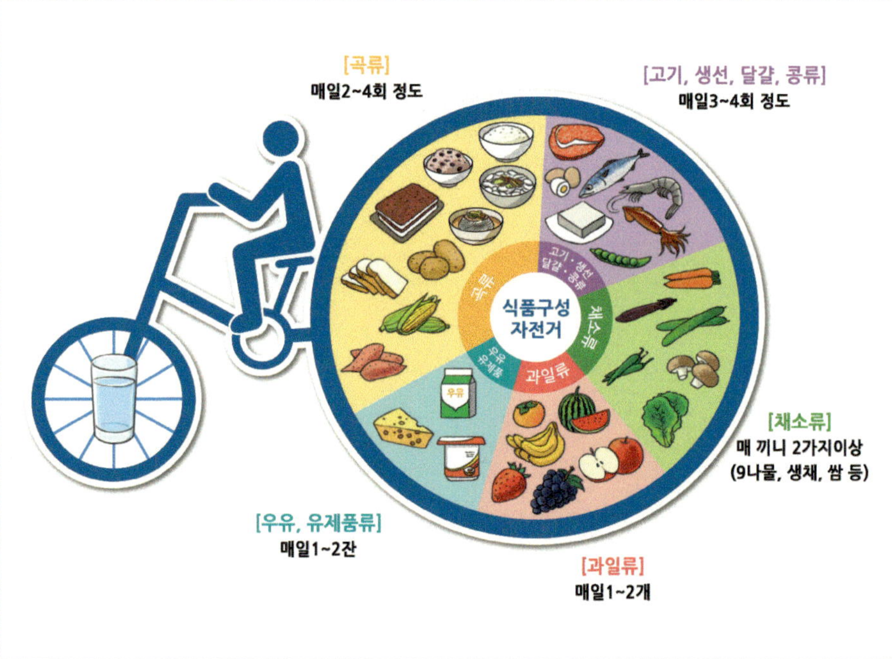

1. 건강한 식생활이라는 것은 무엇입니까?
2. 몽골어의 부정극어는 어떤 개념입니까?
3. 몽골어의 후치사는 선행어에 어떤 격어미를 요구합니까?

어휘 및 표현

амтлагч	양념, 조미료
бүхэл үрийн гурил	통밀가루
газар тариалан эрхлэх	농사를 짓다
жигнэх	찌다
задрал хурдан нүүрс ус	분해가 빠른 탄수화물
зайлсхийх	피하다
зохимж муутай	궁합이 잘 맞는
зөв хооллолт	바른 식습관
лаазалсан, нөөшилсөн бүтээгдэхүүн	통조림
малын гаралтай	가축성
махан бүтээгдэхүүн	육류
ногоо тарих	채소를 재배하다
ногоон хоол	채식
нүүдлийн мал аж ахуй	이동 유목
нягт холбоотой	밀접한 관련이 있는
сэрүүн чанарын хоол	차가운 성질의 음식
татах	당기다
татгалзах	거부하다
тулгарч байгаа асуудал	당면 문제, 직면하고 있는 문제
түлхүү хэрэглэх	주로 사용하다
улс үндэстэн	민족
хайрах	가열하다, 데우다
харгалзан үзэх	고려하다
харилцан адилгүй	서로 다른
хоол амтлах	음식 간을 맞추다, 양념하다
хоол боловсруулах	음식을 조리하다
хоол ундны соёл	식음료 문화
хоол хүнсний хэрэглээ	식료품 소비
хөх тарианы гурил	호밀
хөц будаа	메밀
хүнсний үйлдвэрлэл	식품산업
цагаан идээ	유제품
цагаан хоол	비건 음식
чимхэх	꼬집다, 죄다
чухал байр эзлэх	중요한 위치를 차지하다
шарах	굽다
эрхэлж буй аж ахуй	종사하고 있는 업종

본문

Эрүүл хооллолт

Улс үндэстэн бүр өөр өөрийн хоол ундны соёлтой байдаг. Энэ нь эрхэлж буй аж ахуй, цаг уур зэрэгтэй нягт холбоотой байна. Тухайлбал, эрс тэс, хүйтэн ширүүн уур амьсгалтай монголчуудын хувьд эртнээс нааш нүүдлийн мал аж ахуй эрхэлж ирсэн бөгөөд тэдний гол хоол хүнс нь малын гаралтай цагаан идээ, махан бүтээгдэхүүн байна. Харин солонгосчууд газар тариалан эрхэлж төрөл бүрийн хүнсний ногоо тариалж ирсэн ба гол хүнсний бүтээгдэхүүн нь будаа, ногоо зэрэг болно.

Тухайн ард түмний хоол ундны соёлд хүнсний гол бүтээгдэхүүн чухал байр эзлэхээс гадна түүнийг хэрхэн боловсруулж, хэрхэн амталж байна вэ гэдэг нь бас чухал. Нүүдэлчин соёлтой ард түмэн хоолны төрөл бүрийн амтлагчийг хэрэглэдэггүй ба чанаж буцалгаж иддэг бол суурин соёл иргэншилтэй ард түмэн халуун ногоо зэрэг төрөл бүрийн хоол амтлагч ихээр хэрэглэх ба хайрах, шарах, жигнэх зэргээр хоол унд боловсруулах арга барил нь олон хэлбэрээр хөгжсөн байна.

Орчин үед улс орон бүрт эрүүл хоол хүнсний хэрэглээ, зөв хооллолтыг дэмжин зөвлөмж гаргах болжээ. Эдгээр зөвлөмжүүдийг харахад тухайн орны цаг уурын болон улирлын онцлог, уламжлалт хоол хүнсний хэрэглээ зэргийг харгалзан үзсэн байх бөгөөд өөр хоорондоо харилцан адилгүй бүтэцтэй байна. Тухайлбал, Монгол улсад гаргасан зөвлөмжид мах, махан бүтээгдэхүүний хэрэглээнээс зайлсхийх талаар дурдаагүй байх бөгөөд сүү, сүүн бүтээгдэхүүн аруул, ээзгий, бяслагийг түлхүү хэрэглэхийг зөвлөсөн байна. Харин Солонгос улсад гарсан зөвлөмжийг харвал сүү, сүүн бүтээгдэхүүнийг аль болох бага хэрэглэхийг зөвлөсөн байна. Гэхдээ аль ч улс оронд лаазалсан, нөөшилсөн бүтээгдэхүүнээс татгалзаж, задрал хурдан нүүрс ус бүхий цагаан будаа, цагаан гурил зэргийн хэрэглээгээ багасган түүний оронд хөц будаа, хөх тарианы гурил, бүхэл үрийн гурил зэргийг хэрэглэхийг зөвлөжээ.

대화 1

Минсү Монголчуудын өдөр тутам иддэг хоол юу вэ?
Туяа Монголчууд өдөр тутам хүнсэндээ мах, гурил, талх зэргийг хэрэглэдэг.
Минсү Танайхан будаа иддэггүй юм уу?
Туяа Будаа идэлгүй яахав. Гэхдээ гол хүнсний бүтээгдэхүүн бол биш.
Минсү Яагаад? Будаа тариалдаггүй болоод тэр үү?
Туяа Нэг талаараа тийм. Нөгөө талаар, будааг эртнээс сэрүүн чанарын хоол гэж үзэж ирсэн юм. Тиймээс манай монгол шиг хүйтэн сэрүүн уур амьсгалтай оронд өдөр бүр хэрэглэх бас зохимж муутай.
Минсү Аан, тийм үү? Харин солонгост бол будаа л идэхгүй бол хоол идсэн болдоггүй гэдэг. Үнэхээр улс үндэстэн бүрийн хоолны соёл өөр өөр юм аа.

대화 2

Минсү Туяа! Энэ юу вэ? Их амттай харагдаад байх чинь.
Туяа Аан. Хуушуур.
Минсү Юугаар хийсэн юм? Ямар амттай юм бэ?
Туяа Хонь, үхрийн махыг нарийн татаад сонгино, саримсаар амталж гуриланд хийж чимхээд тосонд хайрсан байгаа. Дажгүй амттай шүү. Үнэ нь ч хямдхан болохоор оюутнууд их авч иддэг юм.
Минсү Хонины мах гэнээ. Би хонины мах огт идэж үзээгүй. Идэж чадах болов уу?
Туяа Монгол хонины мах амттай шүү. Чи идээд үз л дээ.

대화 3

Болд Туяа! Сүүлийн үед зөв хооллолт, эрүүл хооллолтын тухай их ярих болсон байна. Энэ тухай чи ямар бодолтой байна?

Туяа Би маш чухал сэдэв гэж бодож байна. Яагаад гэвэл, орчин үеийн хүмүүсийн өмнө тулгарч байгаа нэг томоохон асуудал бол эрүүл мэндийн асуудал. Энэ нь зөв хооллолт, амьдралын зөв хэвшилтэй шууд холбоотой гэж бодож байна. Тиймээс ч би аль болох мах, махан бүтээгдэхүүний хэт их хэрэглээнээс зайлсхийх, улмаар цагаан хоол, ногоон хоолыг түлхүү хэрэглэх нь зөв гэж боддог.

Болд Гэхдээ цаг уурын нөхцөл байдал зэрэгтээ тохируулан махан хоолыг ч бас хэрэглэхэд буруу зүйл байхгүй байх аа.

Туяа Мэдээж цаг уур, улирлын нөхцөл байдал, улс орны хүнсний гол үйлдвэрлэл, уламжлалт хоол хүнсний хэрэглээ зэргийг харгалзан үзэх нь зөв. Гэхдээ өнөөгийн бидний амьдралын хэв маяг нэгэнт суурьшмал соёлтой ард түмэнтэй огтоос ялгаагүй болсон, бас орон байр нь ч гэсэн цаг уурын нөхцөл байдлаас хамаарахааргүй болсон гэдгийг бас бодож үзэх хэрэгтэй.

Болд Тэр ч тийм шүү.

Туяа Тиймээс аль болох витаминлаг, шим тэжээлтэй, эрүүл хоолыг сонгон хэрэглэх нь зөв гэж бодож байна.

문법설명

1. 현대몽골어의 부정극어

부정극어는 부정요소가 나타나는 문장에서만 쓰일 수 있으며, 부정요소가 나타나지 않는 문장에서는 쓰일 수 없는 것이다. 현대몽골어 부정극어의 대표적인 예문은 다음과 같다.

(1) огт, нэг их, ерөөсөө 등의 어휘적 부정국어

Би түүнийг огт танихгүй юм байна.
Болд үүнийг хийж чадна гэж огт итгэхгүй байна.
Нэг их сайн унтаж амарч чадсангүй.
Энэ тухай ерөөсөө бодож байсангүй.

(2) ганц/нэг 등의 어휘와 의문사(хэн/юу/хаана/хэзээ/аль)에 강조첨사 ч가 부가된 경우

Одоохондоо нэг ч хүн ирээгүй байна.
Би түүнтэй ганц ч удаа уулзаж байгаагүй.
Энэ тухай хэн ч мэдэхгүй.
Юу ч сонсогдохгүй байна.
Би чамайг хэзээ ч мартахгүй.

2. 접속 관계에 따른 후치사 – 1

(1) 영어미와 연결되는 후치사 즉 단어 어간에 직접 연결되는 후치사들은 다음과 같다. 이 후치사에는 'гаруй, дээр, доор, хүртэл, дахин, шахам, гэхэд, дотор, бүрболгон, тутам, мэт, шиг, адил' 등이 있다.

Ангид арав гаруй ширээ байна.
교실에 책상이 열 개 넘게 있다.
Гэр дээр ааруул хатаажээ.
게르 위에 아롤을 말렸다.
Бөмбөг ширээн доор байна.
공은 테이블 아래에 있다.
Би энд намар хүртэл байна.
나는 여기에 가을까지 있을 것이다.

(2) 형동사어미에 연결되는 후치사 /хүртэл, ёсоор, тухай, талаар, тул, тутам, бүр, болгон, шиг/

Чамайг ирэх хүртэл би эндээ байя.
네가 올 때까지 나 여기서 있을게
Бүх юм чиний хэлсэн ёсоор боллоо.
모든 것이 네가 말한 대로 되었다.
Би хөдөө явсан тухайгаа тэмдэглэл бичсэн.
나는 시골에 갔던 것에 대해서 일기를 섰다.

듣기 연습

1. 다음 문장을 듣고 따라서 말하세요.

» Би үүний тухай огт мэдэхгүй.
» Би түүнийг огт танихгүй юм байна.
» Түүнийг ийм сайн монголоор ярьдаг гэж огт төсөөлсөнгүй.

» Би үүний тухай ерөөсөө мэдэхгүй.
» Би түүнийг ерөөсөө танихгүй юм байна.
» Би энэ киног урьд өмнө үзсэнээ ерөөсөө санахгүй байна.
» Энэ асуудлыг хэрхэн шийдэхээ ерөөсөө мэдэхгүй байна.
» Би энэ ресторанд ерөөсөө орж үзээгүй.

» Би түүнд нэг их санаа зовохгүй байна.
» Би түүнийг ганцаараа энэ ажлыг хийж чадна гэж нэг их итгэхгүй байна.
» Тэр эмнэлэгт хэвтээд бие нь нэг их сайжирсангүй.
» Энэ нэг их том асуудал болохгүй байх гэж бодож байна.

2. 다음 문장을 듣고 따라서 말하세요.

» Би энэ тухай ганц ч удаа сонсож байгаагүй.
» Би энэ тухай нэг ч удаа сонсож байгаагүй.

» Түүнийг ирнэ гэж хэн ч мэдээгүй байсан.
» Би өглөө оройтож босоод юу ч идэж амжсангүй.
» Энэ бол өөр хаана ч байхгүй цорын ганц зүйл.
» Би түүнийг хэзээ ч мартахгүй.
» Аль ч оронд очсон ялгаагүй соёл, ёс заншлыг нь хүндэтгэх хэрэгтэй.

3. 다음 문장을 듣고 따라서 말하세요.

» Талбай дээр зуу гаруй хүн цугларчээ.
» Талбай дээр зуу орчим хүн цугларчээ.
» Талбай дээр зуу шахам хүн цугларчээ.
» Өдөр бүрийг шинэ эрч хүчээр эхэлье.
» Өдөр болгоныг шинэ эрч хүчээр эхэлье.
» Өдөр тутам шинэ эрч хүчээр эхэлье.

4. 다음 문장을 듣고 따라서 말하세요.

» Маргааш хөдөө явах тухайгаа ярьцгаая.
» Ирэх жил ямар төсөл хэрэгжүүлэх талаар зөвлөлдөв.
» Өнгөрсөн амралтын өдрүүдээ хэрхэн өнгөрүүлсэн тухайгаа ярьж өгсөн.
» Томилолтоор явах хугацаандаа ямар ямар ажил амжуулсан талаараа тайлан тавьсан.
» Тэр монгол явах бүрдээ найзтайгаа заавал очиж уулздаг.
» Тэр монгол явах болгондоо найзтайгаа заавал очиж уулздаг.

읽기 연습

1. 다음 문형을 읽어 보세요.

Би Чи Тэр Болд	энэ тухай	ер ерөөсөө ердөө огт нэг их	бодож байсангүй. мэдээгүй. дуулаагүй. сонсоогүй. хараагүй. санаа тавьж байгаагүй. итгэхгүй байна.

2. 다음 문형을 읽어 보세요.

<table>
<tr><td rowspan="2">Би
Чи
Тэр
Болд</td><td rowspan="2">нэг
ганц</td><td rowspan="2">ч</td><td>удаа</td><td>монголд очиж үзээгүй.
хорхог идэж үзээгүй.
тэр хүнтэй уулзаж байсангүй.
энэ талаар бодож байсангүй.
Бээжин орж үзээгүй.</td></tr>
<tr><td colspan="2">хундага архи амсаж чадахгүй.
хүнтэй үг солилгүй гараад явлаа.
үг хэлэлгүй гараад явчихлаа.
ширхэг будаа үлдээлгүй хоолоо идэж орхив.</td></tr>
</table>

추가 어휘

ажлын ачаалал	업무 부담
амаргүй	쉽지 않다
ачаалал өгөх	부담을 주다
дадал зуршил	습관
дадал хэвшил	관행
дадалд суралцах	습관을 들이다
дурлан идэх	식탐하다
жингээ барих	채중 관리
зайлсхийх	피하다, 회피하다
зөв танин мэдэх	올바르게 인식하다
зөв хооллох	올바른 식습관을 갖다
зөвлөмж	충고, 조언
зүрх судасны өвчин	심혈관 질환
маргах	논쟁하다, 말다툼하다
найдвартай	믿을 수 있는 신뢰할 수 있는
нутгийн хоол	토속 음식, 향토 음식
өөхтэй мах	비계가 붙은 고기
тохируулан хэрэглэх	조절하여 사용하다
төвөггүй	어렵지 않은, 쉬운
төсөөлөх	상상하다, 예상하다
урьдчилан сэргийлэх	예방하다
үндэс	기초, 근본, 토대
хавдар	종양, 암
харьцангуй	상대적으로, 비교적
хүндрэл бэрхшээл	어려움, 난관
чанартай	품질 좋은
чихрийн шижин	당뇨
шарсан тахиа	치킨
эзэмших	점유하다, 차지하다
эмзэг сул	예민한, 다치기 쉬운, 연약한
эрсдэлийг багасгах	위기를 감소시키다
эрүүл хооллолт	건강한 식생활

쓰기 연습

1. 아래의 내용을 번역해 보세요.

(1) 다음 내용을 한국어로 번역하세요.

Эрүүл хооллолт нь хоол хүнсээ зөв танин мэдэх, зөв хооллох дадалд суралцах, эзэмшихээс эхлэх бөгөөд таны юу идэж байгаа төдийгүй, ямар хэмжээгээр идэж байгаагаас ихээхэн шалтгаална. Хоол хүнснийхээ зүйлийг зөв сонгож, зохистойгоор хэрэглэх нь зүрх судасны өвчин, хавдар, чихрийн шижин зэрэг өвчнөөр өвдөх эрсдэлийг багасгах төдийгүй, сэтгэл санааны хямралд орохоос урьдчилан сэргийлж чадна.

(2) 다음 내용을 몽골어로 번역하세요.

체중관리에 식단이 80%, 운동이 20%라는 말 들어 봤을 것이다. 운동도 중요하지만 그보다 훨씬 중요한 것이 바로 식단이다. 체중뿐만 아니라 건강을 관리할 때도 '어떤 음식을 먹냐'에 가장 많은 포커스가 맞춰진다. 때문에 인터넷에는 '이게 좋다, 저게 좋다'하는 식단들이 끊임없이 올라오고 있다. 매년 바뀌는 식단과 트렌드 때문에 어떤 식단이 진짜 좋은 건지 헷갈려 하는 경우도 많다.

2. 건강한 식생활에 대하여 글을 써 보세요. 먼저 다음 내용을 읽어 보세요.

(1) Та өдөр тутам ямар хүнсний бүтээгдэхүүнийг хамгийн их хэрэглэдэг вэ?
Би өдөр тутмын хүнсэндээ будаа, кимчи болон бусад хүнсний төрөл бүрийн ногоо хамгийн их хэрэглэдэг. Махны хувьд тахианы болон гахайны мах хамгийн их хэрэглэдэг.

(2) Та өөрийнхөө хооллох дадал зуршлыг эрүүл хооллолт гэж хэлж чадах уу?
Яг бүрэн дүүрэн эрүүл хооллолт гэж чадахгүй. Жишээлбэл, би халуун ногоотой хоолонд дуртай. Догбуги юм уу кимчитэй шөл зэрэг халуун ногоотой хоол идэх дуртай. Бас гахайн махыг шарж идэх дуртай. Солонгос хүмүүсийн хамгийн дуртай хоол бол самгёбсал гэж хэлж болно. Самгёбсал нь их өөхтэй гахайны мах юм. Бас заримдаа орой үдшийн цагаар шарсан тахиа, пицца захиалж иддэг.

(3) Таны бодлоор эрүүл хооллолт гэж юу вэ?
Сүүлийн үед хэрхэн эрүүл хооллох тухай төрөл бүрийн зөвлөмжүүд гарч байна. Миний олж харснаар цагаан будаа, цагаан гурилын оронд хөц будаа, хөх тарианы гурил, бүхэл үрийн гурил идвэл сайн гэдэг юм байна. Бас төрөл бүрийн жимс, хүнсний ногоо, вандуй зэргийг хэрэглэхийг зөвлөдөг.

(4) Хоол хүнсэндээ анхаарал хандуулахад ямар нэгэн хүндрэл бэрхшээл тулгарч байна уу?
Зөвхөн эрүүл хоол хүнсийг тохируулан хэрэглэнэ гэдэг бас нэг талаар хэцүү байдаг. Мэдээж хувь хүний зүгээс эрүүл хооллох дадал хэвшилд суралцах, хоол хүнсний бүтээгдэхүүний талаар болон түүнийг хэрхэн яаж боловсруулж идэх талаар мэдэх хэрэгтэй боловч нөгөө талаар зав чөлөөгүй оюутны амьдрал, орчин нөхцөлд тохируулж хооллоно гэдэг маш их хэцүү гэж бодож байна.

(5) 위에 메모한 내용을 바탕으로 취미생활에 대하여 글을 써 보세요

3. '건강한 식생활' 다음 질문에 대해 간단하게 메모해 보고 그 내용을 바탕으로 글을 작성해 보세요.

(1) Та өдөр тутам ямар хүнсний бүтээгдэхүүнийг хамгийн их хэрэглэдэг вэ?

(2) Та өөрийнхөө хооллох дадал зуршлыг эрүүл хооллолт гэж хэлж чадах уу?

(3) Таны бодлоор эрүүл хооллолт гэж юу вэ?

(4) Хоол хүнсэндээ анхаарал хандуулахад ямар нэгэн хүндрэл бэрхшээл тулгарч байна уу?

(5) Та монголд очоод ямар ямар хүнсний бүтээгдэхүүнийг түлхүү хэрэглэх бодолтой байна вэ?

(6) 위에 메모한 내용을 바탕으로 글을 써 보세요.

말하기 연습

1.

- Солонгосчуудын өдөр тутам хэрэглэдэг хоол хүнс юу вэ?
- Солонгос хүмүүсийн хамгийн их хэрэглэдэг хүнсний бүтээгдэхүүн гэвэл будаа. Мөн төрөл бүрийн хүнсний ногоог хүнсэндээ хэрэглэдэг.
- Солонгост мах их үнэтэй гэж сонссон. Тэр үнэн үү?
- Тийм ээ. Мах бол үнэтэй. Гэхдээ олон төрлийн мах байна. Солонгосын үндэсний "Хан-Ү" брендийн үхрийн мах бол маш их үнэтэй. Гэхдээ найдвартай, бас чанартай. Бусад улсаас орж ирдэг үхрийн мах бол харьцангуй хямдхан байдаг. Гэхдээ л монголыг бодвол үнэтэй.
- Гахай, тахианы мах?
- Гахайны мах бол харьцангуй хямдхан. Хүмүүсийн хамгийн их хэрэглэдэг мах гэж хэлж болно. Солонгос хүмүүсийн хамгийн дуртай мах бол "Самгёбсал" гэдэг гахайны шарсан мах юм. Би ч гэсэн дуртай. Харин тахианы хувьд хүмүүс шарсан тахиаг хамгийн их дурлан иддэг. Төрөл бүрийн брендийн шарсан тахиа бий. Амт, чанарын хувьд ч харилцан адилгүй байдаг.

2.

- Монголд ирээд идэж үзсэн хамгийн зохимжтой хоол чинь юу вэ?
- Монгол хоол миний төсөөлж байснаас их өөр юм байна. Ялангуяа, хонины мах идэхэд амаргүй байна. Харин үхрийн махтай хоол бол зүгээр. Түүн дундаас будаатай гарч ирдэг төрөл бүрийн хуурга, гуляш зэрэг жигнэсэн махтай хоолонд их дуртай болсон. Бас хуушуурт их дуртай. Харин бууз идэж чаддаггүй.
- Тэгвэл монголд амьдрахад хоол ундны хувь ямар нэгэн асуудал байхгүй гэж ойлгож болох уу?
- Мэдээж тийм. Гэхдээ би өдөр бүр монгол хоол иддэггүй. Монголд ч гэсэн маш олон солонгос хоолны газар байдаг юм байна. Заримдаа тэнд очоод нутгийнхаа хоолыг иддэг. Миний хувьд гол төлөв хүнсний зах, Е-март зэргээс хоолныхоо материалыг цуглуулж аваад гэртээ хоол иддэг. Манай ээжийн хийж өгсөн хоолны амтыг гүйцэхгүй ч гэсэн гадуур гарч янз бүрийн хоол идэж байснаас хамаагүй дээр гэж боддог.

3.

- Сүүлийн үеийн хүмүүс өөрийнхөө эрүүл мэнддээ ихээхэн анхаарах болсон байна. Үүнтэй холбоотойгоор зөв хоолны дэглэмийн тал дээр ч ихээхэн анхаарал хандуулах болжээ. Энэ тухай таны бодлыг сонсмоор байна.
- Эрүүл байх, эрч хүчтэй байхын үндэс нь дасгал хөдөлгөөн, хоол хүнсний зөв хэрэглээ гэдэгтэй маргах хүн гарахгүй болов уу? Сүүлийн үеийн охид залуучууд эрүүл мэнд, биеийн жиндээ ихээхэн анхаарах болсон. Ингэхдээ ямар хоол хүнсийг хэрхэн зохистой хэрэглэх тухай зохих хэмжээний мэдлэгтэй байх хэрэгтэй. Интернэт дээрээс ч энэ тухай төрөл бүрийн мэдээллийг төвөггүй олж харж болно. Гэхдээ хамгийн гол нь цаг уур, орчин нөхцөл, ажлын ачаалал зэргээ сайтар тооцоолж хангалттай шим тэжээл бүхий хоол хүнс хэрэглэх нь юу юунаас чухал юм.

단원 평가

1. 다음을 읽고 물음에 답하세요.

Сүүлийн үед ганцаараа амьдардаг хүмүүст чиглэсэн үйлчилгээ их болж байна. Дэлгүүрүүд зарж байгаа хүнсний бүтээгдэхүүнээ (ⓐ) савлаж зардаг болжээ. Хоолны газрууд ч гэсэн ганцаараа ирж үйлчлүүлдэг хүмүүст зориулж жижиг ширээ тавих болсон байна. Мөн орон сууцны хувьд ч гэсэн талбай багатай, жижиг орон сууц илүү эрэлттэй болжээ.

(1) (ⓐ)에 가장 알맞는 것을 고르세요.

① бөөндөж　　② том томоор

③ бага хэмжээгээр　　④ үргэлж

(2) 글의 내용과 같은 것을 고르세요.

① Ганцаараа хоол идэхээр ирсэн хүнд бага хоол өгдөг.

② Хоолны газар ганцаараа ороод хоол идэх нь эвгүй.

③ Хүнсний дэлгүүрт ганцаараа ирдэг хүмүүс их болсон.

④ Ганцаараа амьдардаг хүмүүс жижиг хэмжээтэй орон байр хайх болсон.

2. 다음을 읽고 글의 내용과 같은 것을 고르세요.

Сүүлийн үеийн хүүхдүүдийн шүд нь эмзэг, сул болсон байна. Энэ нь хатуу зүйл идэхээс зайлсхийн байнга зөөлөн хоол хүнс хэрэглэж шүдэнд тодорхой хэмжээний ачаалал өгөхгүй байгаагаас шалтгаалдаг байна. Хоол хүнсийг зажлах үед мэдрэгдэх ачаалал нь шүдийг эрүүл, хатуу бөх болгож өгдөг байна. Хүүхдийнхээ шүдний эрүүл мэндэд анхааръя гэвэл хүүхдэдээ хатуу хоол хүнс ч зохистой идүүлэх хэрэгтэй.

① Сүүлийн үеийн хүүхдүүдийн шүд туйлын эрүүл сайн болсон.

② Хатуу зүйл зажилж идэх нь шүдийг гэмтээдэг.

③ Дандаа зөөлөн хүнсний зүйл идэх нь сөрөг нөлөөтэй байна.

④ Хүүхдийнхээ шүдийг авхуулахдаа анхааралтай байх хэрэгтэй.

MEMO

08 Загварын ертөнц

패션 한류

학습목표

1. 한류 및 패션 관련 표현 익히기
2. 명사의 복수어미 익히기
3. 몽골어의 문장 첨사 익히기

1. 한류의 유형과 그 의의는 무엇입니까?
2. 몽골어의 명사 복수어미에는 몇 가지 이형태가 있습니까?
3. 몽골어의 문장 첨사는 어떤 개념입니까?

어휘 및 표현

арга хэмжээ зохион байгуулах	행사를 주관하다
байлдан дагуулах	정복하다, 점령하다
биеэ авч явах байдал	몸가짐, 자세
гадаадад сурталчлах	해외에 홍보하다
гоёл чимэглэл	장식, 치장
дэлхий дахинаа таниулах	전 세계에 알리다
нүүдлийн соёл	유목 문화
өөрийн хувь нэмрээ оруулах	기여하다, 공헌하다
санхүүгийн бие даасан чадвартай байх	재정자립도
санхүүгийн эрх чөлөө	재정적 자유
соёлтой танилцах боломж	문화와 접할 기회
Солонгосын соёлын урсгал	한류, 한국의 문화적 영향
суурин иргэншил давамгайлах	정착문화에 익숙해지다
түүртэх	여력이 없다, 여유가 없다.
тэсрэлт	폭발
үндэсний хувцас	전통 의상
үндэсний хувцсаараа гангарах	전통의상을 뽐내다
хараат бус	예속되지 않은
хөгжмийн ертөнц	음악의 세계
хөгжөөн дэмжигчид	지지자들, 팬들
хөрөнгө оруулалт хийх	투자하다
хувцаслалт	패션, 옷맵시
хүлээн зөвшөөрөгдөх	수용되다
чамин дэгжин	우아한, 단아한
чиг хандлага	경향
шингээн авах	흡수하다, 젖어들다

본문

Загварын ертөнц

Аль ч улс үндэстэн өөрийн гэсэн өвөрмөц үндэсний хувцас, гоёл чимэглэлийн соёлтой байдаг. Монгол үндэстний хувьд эртнээс нааш “дээл” хэмээх хувцсыг өдөр тутмын амьдралдаа өмсөж хэрэглэж ирсэн байдаг. Харин солонгос үндэстэн “ханбуг” хэмээх өнгө алагласан, чамин дэгжин үндэсний хувцсаараа гангардаг билээ.

Өдгөө цагт монголчуудын хувьд солонгос үндэстний “ханбуг” хэмээх хувцас ихээхэн танил болжээ. Солонгосын уламжлалт болон орчин үеийн соёлтой танилцах боломж тэр хирээрээ их болсонтой холбоотой. Солонгосын соёлыг дэлхий дахинаа таниулж буй зүйл нь яах аргагүй “халлю” хэмээх соёлын урсгал билээ.

2000 оны үеэс эрчээ авч эхэлсэн “Солонгосын соёлын урсгал” Азийг бүхэлд нь байлдан дагуулж арав гаруйхан жилийн дараа дэлхийд хүлээн зөвшөөрөгдсөн юм. Анх телевизийн олон ангит киногоороо танигдаж улмаар “K-pop” хөгжмийн ертөнцөөр байлдан дагуулж эхэлсэн байна. Энэхүү соёлын хүчирхэг урсгалыг дагасан төрөл бүрийн контент, бараа бүтээгдэхүүн, шинэ загвар, шинэ трендүүд “Солонгос соёлын гал улаан фен” хөгжөөн дэмжигчдийг нэг ч өдөр амар тайван суулгаагүй гэж хэлэхэд болно.

Ази болон дэлхий дахинаа тэсрэлт хийсэн энэхүү соёлын урсгал монгол залуучуудыг ч тойрч гараагүй юм. Тэд өдөр бүр телевизээр, интернэтээр солонгосын тухай мэдээ мэдээллийг үзэж солонгос залуусын загварын ертөнцтэй танилцаж байна. Тэд солонгосын охид залуучуудын хувцаслалт, биеэ авч явах байдлыг ихээр сонирхож өөрсдийн загварын ертөнцдөө шингээн авч байна. Өнөөдөр Улаанбаатар хотын гудамжаар алхах залуусын өнгө зүс, хувцаслалт, биеэ авч яваа байдал Сөүл хотын Дундэмүн дүүргээс нэг их ялгараад байхгүй болжээ.

Нэгэнт монгол залуучуудад “K-fashion”, “K-beauty” гэсэн үгс танил болжээ. Өдөр бүр тэд инстаграмын “K-fashion” аккаунтуудаас шинэ мэдрэмж, шинэ стиль, шинэ загварыг хайсаар байна.

대화 1

Минсү Монголчууд дээлээ өдөр тутам өмсөж хэрэглэдэг үү?

Туяа Орчин үед монголчууд өдөр бүр дээлээ өмсөөд байдаггүй. Суурин иргэншил давамгайлсан өнөө үед монгол дээлээ өмсөнө гэдэг бол түүртээд хэцүү л дээ. Орчин үеийн хүмүүс бол аль болох хөнгөн, нимгэн, биед эвтэйхэн хувцас өмсөхийг эрхэмлэдэг болсон. Тийм учраас монголчуудын хувцаслалт европ тал руу хэлбийсэн гэж хэлж болно. Гэхдээ хөдөө орон нутагт бол монгол дээлийг одоо болтол өдөр тутам өмсөж хэрэглэж байна. Энэ нь эрхэлж буй аж ахуй, нүүдлийн соёлтой холбоотой юм.

Минсү Манай солонгост ч мөн адил. Үндэсний хувцсаа цагаан сар юм уу, ургацын баяр, хурим найр зэрэг баярын өдрүүдээр, тэмдэглэлт өдрүүдээр өмсдөг болсон.

Туяа Монголд ч гэсэн цагаан сар болон наадмаар хүмүүс монгол дээлээрээ гоёдог. Наадмын үеэр "Дээлтэй монгол" гэж том арга хэмжээ зохион байгуулдаг.

Минсү Харин солонгост хааны ордон музей, үндэсний тосгонд зочлон ирж байгаа жуулчдад зориулж солонгос үндэсний хувцас өмсөж үзэх боломжийг бий болгосон. Энэ нэг талаараа өөрийн улсын соёлыг гадаадад сурталчилж байгаа хэрэг юм. Мөн сүүлийн үеийн нэртэй дуучид, хамтлагууд дэлхийн тайзан дээр өөрийн үндэсний хувцсыг сурталчлахад өөрийн хувь нэмрээ оруулж байгааг цөөнгүй харж болно.

대화 2

Туяа Чи солонгосын соёлын урсгал гэж мэдэх үү?

Болд Мэдэлгүй яахав. Тэр ч байтугай би солонгосын алдартай дуучид, жүжигчдийн нэрийг хүртэл мэднэ гээч.

Туяа Тийм үү? Чи энэ талаар их сонирхдог юм уу?

Болд Тийм шүү. Би солонгос загварын хувцаслалтад дуртай. Өдөр болгон шахуу интернэтээс хайж үздэг. Ер нь сүүлийн үеийн загварын чиг хандлага ази руу, тэр дундаа солонгос руу хандах болсон нь их харагддаг. Энэ нь солонгосын K-Pop, энтертайменттай холбоотой гэж бодож байна. Өөрөөр хэлбэл, орчин үеийн загварын ертөнцийн чиг хандлагыг солонгосын залуучууд байлдан дагуулж байна гэхэд хилсдэхгүй болсон байна.

대화 3

Туяа Солонгос оюутан залуучууд юунд мөнгөө зарцуулдаг вэ?

Минсү Юуны өмнө эхлээд солонгосын оюутан залуучууд санхүүгийн хувьд харьцангуй эрх чөлөөтэй байдаг гэдгийг хэлэх хэрэгтэй. Өөрөөр хэлбэл, тэд хичээл сургуулийнхаа хажуугаар ажил хийж мөнгө олох боломж өндөр байдаг. Тэр ч утгаараа тодорхой хэмжээгээр эцэг эхээсээ хараат бус, санхүүгийн бие даасан чадвартай байж чаддаг.

01 소비 인플루언서, 20대 대학생

소득이 많지 않음에도 선택과 집중을 통해 취향 소비를 즐기는 대학생들의 모습이 관찰됨.

소득 적어도 나를 위해 소비하고파

직장인에 비해 의류/패션, 미용/뷰티, 취미/여가 지출 비율이 높음.

[지출 분류별 소비현황 비교]

	대학생		직장인
의류/패션	7.6%	>	6.8%
미용/뷰티	4.7%	>	3.0%
취미/여가	5.7%	>	4.2%

Энэ судалгааны тайлангаас харахад, 20-иод насны оюутан залуус мөнгөө хамгийн түрүүнд өөртөө зориулдаг нь харагдаж байна. Тэр дундаа хувцаслалтдаа их анхаардаг ба түүний дараа гоо сайхны бараа бүтээгдэхүүнд өөрийнхөө мөнгийг зарцуулдаг байна.

Түүний дараа өөрийнхөө сонирхол хоббиг хөгжүүлэх, өөрийнхөө дуртай зүйлд хөрөнгө оруулалт хийдгийг энэхүү судалгаанаас харж болно.

문법설명

1. 명사의 복수형

명사의 단수어간에 접미사를 접속시켜 복수형을 만든다. 몽골어는 복수형 접미사의 수가 많지만 문장에서는 복수형을 적게 사용하는 것이 일반적이다. 그렇지 않았을 경우에 좋지 않은 문장으로 본다.

(1) -чууд, -чүүд (회화체에서 чуул, -чүүл도 사용)
사람과 관계된 복수형어미는 집합적 성격을 나타낸다.

монгол - монголчууд	몽골- 몽골사람들
бага- багачууд	어린- 어린들
настай- настайчууд	나이 든- 나이든 사람들

(2) нар
역시 사람과 관계된 복수를 나타내는 데 쓰이며 복수화 접미사와 다르게 따로 띄어서 쓴다.

ах – ах нар	형 – 형들
багш – багш нар	선생님 – 선생님들
дүү – дүү нар	동생 – 동생들
найз – найз нар	친구 – 친구들

(3) -нууд, -нүүд
장모음이나 이중모음 '숨은 н'으로 끝난 단어에 접속한다.

малгай – малгайнууд	모자 – 모자들
харандаа – харандаанууд	연필 – 연필들
хэл – хэлнүүд	언어 – 언어들

(4) -ууд, үүд
Н 이외의 자음으로 끝나는 단어에 주로 접속한다.

хүүхэд – хүүхдүүд	아이 – 아이들
гэр – гэрүүд	집 – 집들
хичээл – хичээлүүд	수업 – 수업들
мал – малууд	가축 – 가축들

ь, и로 끝난 단어에 접속시에는 у를 삽입시킨 후 접속한다.

сургууль – сургуулиуд	학교 – 학교들
анги – ангиуд	교실 – 교실들

H(г)로 끝난 단어에 접속시에는 г를 삽입한 후 접속한다.

байшин – байшингууд	건물 – 건물들

(5) -д

Л, н, р로 끝난 단어나 명사형어미 -гч 뒤에 접속한다.

зочин – зочид	손님 – 손님들
нөхөр – нөхөд	친구 – 친구들
уншигч – уншигчид	독자 – 독자들

(6) -с

키릴 문자 철자법에 나타나지 않지만 몽골 단모음으로 끝나거나 이중모음으로 끝나는 적은 수의 단어에 접속한다.

нэр – нэрс	이름 – 이름들
их – ихэс	큰 – 높은 사람들
нохой – нохос	개 – 개들

※ 다음과 같은 경우에는 복수형을 붙이지 않는다.

олон ном	많은 책
хэдэн ном	몇 권의 책
арван ном	열 권의 책

2. 화용적 표현(희망) -х юм сан, -х сан

'-х юм сан', '-х сан' 표현은 화자의 희망과 기의 양태 의미를 나타낸다. 이러한 점에서 1인칭 화자의 의도, 의지를 나타내는 일인칭종결어미 '-я/е/ё, -маар4 , -х гэсэн юм' 등의 표현과 유사한 의미기능을 갖는다.

Монгол явах сан.
Монгол явах юм сан.
Монгол явмаар байна.

Тэгж байгаад зав гарвал нэг сайхан уулзаад ярьж суух сан.
Тэгж байгаад зав гарвал нэг сайхан уулзаад ярьж суух юм сан.

Монгол хэлээ сайн сурчхаад ингээд нэг илтгэл тавьж байх сан.
Монгол хэлээ сайн сурчхаад ингээд нэг илтгэл тавьж байх юм сан.

3. 접속 관계에 따른 후치사 – 2

(1) 속격에 연결되는 후치사 /тулд, төлөө, хажууд, дунд, дараа, тухай, талаар, адил, турш, дагуу, чинээ, дэргэд, хооронд, дотор, ард, урд, уруу, өөд, эсрэг, ойролцоо, гадна, хойно, өмнө/

Гадаад явахын тулд гадаад хэл сайн сурах хэрэгтэй.
외국에 나가기 위해서 외국어를 배워야 한다.
Их дэлгүүрийн хажууд шинэ үсчин нээгджээ.
백화점 옆에 새로운 미용실이 생겼다.

(2) 탈격에 연결되는 후치사 /бусад, өөр, илүү, хол, гадна, 시간부사 хойно, өмнө/

Танаас бусад бүх хүн ирчхээд байна.
당신 이외에 다른 사람들은 다 와 있어요.
Бидэнд үүнээс өөр арга байхгүй.
우리에게 방법은 이것 밖에 없어요.
Тэр монголоор надаас илүү ярьдаг.
그 사람은 나보다 몽골어 잘 해요.

(3) 여·처격에 연결되는 후치사 /ойр/

Танай байшин их дэлгүүрт ойр байдаг уу?
당신의 집은 백화점하고 가깝습니까?
Улаанбаатарт хамгийн ойр сум ямар сум бэ?
울란바타르시에 제일 가까운 솜은 무엇입니까?

(4) 공동격에 연결되는 후치사 /адил, зэрэг/

Тэр ахтайгаа адил тамирчин болохыг хүсдэг.
그는 형처럼 운동선수가 되기를 원한다.
Биднийг очихтой зэрэг галт тэрэг хөдөллөө.
우리가 도착하자마자 기차는 움직이기 시작했다.

듣기 연습

1. 다음 문장을 듣고 따라서 말하세요.

» Хөдөө явах сан.
» Хөдөө явах юм сан.
» Хөдөө явмаар байна.
» Завтай бол хөдөө явах юм сан.
» Завтай сан бол хөдөө явах юм сан.
» Завтай байсан бол хөдөө явах юм сан.
» Завтай байсан сан бол хөдөө явах юм сан.

» Шинэ утас авах сан.
» Шинэ утас авах юм сан.
» Шинэ утас авмаар байна.
» Мөнгөтэй бол шинэ утас авах юм сан.
» Мөнгөтэй сөн бол шинэ утас авах юм сан.
» Мөнгөтэй байсан сан бол шинэ утас авах юм сан.

2. 다음 문장을 듣고 따라서 말하세요.

» Юуны төлөө ингэж тэмцэнэ вэ?
» Юуны тулд ингэж тэмцэнэ вэ?
» Өөрийн санаагаа сайн ойлгуулахын тулд дэлгэрэнгүй ярихаас өөр арга байхгүй байлаа.
» Өөрийн санаагаа сайн ойлгуулахын төлөө дэлгэрэнгүй ярихаас өөр арга байхгүй байлаа.

» Ширээн дээр шүхэр байна.
» Ширээн доор шүхэр байна.
» Ширээний хажууд шүхэр байна.
» Ширээний дэргэд шүхэр байна.
» Ширээний цаана шүхэр байна.

» Номон дээр үзэг байна.
» Номон доор үзэг байна.
» Номын хажууд үзэг байна.
» Номын дэргэд үзэг байна.
» Номын цаана үзэг байна.

3. 다음 문장을 듣고 따라서 말하세요.

» Надаас бусад нь энэ тухай мэдэж байлаа.
» Надаас өөр хүнд битгий хэлээрэй.
» Надаас илүү ухаантай найздаа баярлаж байна.
» Надаас хол тавиарай.
» Надаас гадна хэн хэн ирэх вэ?
» Надаас хойно ирсэн бол битгий оруулаарай.
» Надаас өмнө ирсэн хүнийг урамшуулъя.

4. 다음 문장을 듣고 따라서 말하세요.

» Надаас хол тавиарай.
» Надад ойрхон тавиарай.
» Надтай ойрхон тавиарай.

» Манай гэрээс ойрхон үсчин байна уу?
» Манай гэрт ойрхон үсчин байна уу?
» Манай гэртэй ойрхон үсчин байна уу?

5. 다음 문장을 듣고 따라서 말하세요.

» Тэр ээжтэйгээ адилхан.
» Тэр надтай зэрэг гарсан.
» Тэр намайг гарахтай зэрэг гарсан.

» Би бас багштай адилхан бодолтой байна.
» Би бас багшийн заасантай адилхан бодолтой байна.
» Би бас багшийн заасан зүйлтэй адилхан бодолтой байна.

읽기 연습

1. 다음 문형을 읽어 보세요.

<table>
<tr><td rowspan="3">Чи
Та
Та нар</td><td rowspan="3">маргааш
энэ хагас бүтэн сайн өдөр
амралтаараа
чөлөөт цагаараа</td><td>юу</td><td>хийх вэ?
хийх гэж байна?
хийе гэж бодож байна?
хиймээр байна?</td></tr>
<tr><td>хаашаа</td><td>явах вэ?
явах гэж байна?
явъя гэж бодож байна?
явмаар байна?</td></tr>
<tr><td colspan="2">яах вэ?
яах гэж байна?
яая гэж бодож байна?
яамаар байна?</td></tr>
</table>

<table>
<tr><td rowspan="3">Би
Бид нар</td><td rowspan="3">маргааш
энэ хагас бүтэн сайн өдөр
амралтаараа
чөлөөт цагаараа</td><td>гэртээ</td><td>амарна.
амрах гэж байна.
амрах гэж бодож байна.
амармаар байна.
амрах сан
амрах юм сан.</td></tr>
<tr><td>Богд ууланд</td><td>гарна.
гарах гэж байна.
гарах гэж бодож байна.
гармаар байна.
гарах сан.
гарах юм сан.</td></tr>
<tr><td colspan="2">кино үзнэ.
кино үзэх гэж байна.
кино үзэх гэж бодож байна.
кино үзмээр байна.
кино үзэх сэн.
кино үзэх юм сан.</td></tr>
</table>

Би Бид нар	маргааш энэ хагас бүтэн сайн өдөр амралтаараа чөлөөт цагаараа	завтай байсан бол ажил багатай байсан бол мөнгөтэй байсан бол	гэртээ	амармаар байна. амрах сан амрах юм сан.
			Богд ууланд	гармаар байна. гарах сан. гарах юм сан.
			кино үзмээр байна. кино үзэх сэн. кино үзэх юм сан.	

2. 다음 문형을 읽어 보세요.

Үүний Түүний	тулд төлөө	хийв. тэмцэв.
Үүний Түүний Миний Чиний	тухай талаар	ярив. тайлбарлав. хэлэлцэв.
Үүний Түүний Манай гэрийн Сургуулийн Тэр газрын Тэр байшингийн Модны Хашааны	хажууд дунд хооронд дотор ард хойно урд өмнө дэргэд ойролцоо	байна.

3. 다음 문형을 읽어 보세요.

Үүнээс Түүнээс Надаас Чамаас	өөр бусад илүү хол гадна	зүйл хийнэ. олон зүйл мэднэ.
Үдээс Нар мандахаас	өмнө хойно	ирээрэй. очоорой.

4. 다음 문형을 읽어 보세요.

Үүнээс Түүнээс Надаас Чамаас	өөр бусад илүү хол гадна	зүйл хийнэ. олон зүйл мэднэ.
Үдээс Нар мандахаас	өмнө хойно	ирээрэй. очоорой.

<table>
<tr><td>Үүнээс
Түүнээс
Эндээс
Тэндээс</td><td rowspan="3">ойр</td><td rowspan="3">байна.</td></tr>
<tr><td>Үүнд
Түүнд
Энд
Тэнд</td></tr>
<tr><td>Үүнтэй
Түүнтэй
Энэ газартай
Тэр байшинтай</td></tr>
</table>

추가 어휘

олон ангит цуврал кино	장편 드라마
эхлэлтэй	~로 비롯한
хүүхэд залуучууд	청소년
анхаарлыг татах	관심을 끌다
сонирхон судлах	탐구하다
шамдан сурч	열심히 배우다
баялаг түүх	풍부한 역사
өвөрмөц соёл уламжлал	독특한 문화 전통
кино урлаг	영화 예술
нөлөөлөх	영향을 미치다
нөлөө үзүүлэх	영향을 미치다
хамтлаг дуучид	그룹
уран сайхны кино	예술영화
алгасалгүй үзэх	꼬박꼬박 보다
бахархах	자랑하다
өдөр тутам	매일, 날마다
санхүүгийн эх үүсвэр	재원
хармааны мөнгө	용돈
хэрэгцээг хангах	수요를 충족하다
загварын шоу	패션쇼
аягүй бол	어쩜
интернэтээр захиалах	인터넷으로 주문하다
сонголт ихтэй	선택의 폭이 넓다
хүргэлтийн мөнгө	배달료
зав цагаа үрэх	시간을 허비하다, 시간을 낭비하다
тэмдэглэх	표시하다, 강조하다
баглаа боодол	포장
чамин тансаг	우아한 단아한
энгийн даруухан	겸손한

쓰기 연습

1. 아래의 내용을 번역해 보세요.

(1) 다음 내용을 한국어로 번역하세요.

Солонгосын олон ангит цуврал кино, K-POP-с эхлэлтэй Солонгос соёлын урсгал нь дэлхий нийтийн хүүхэд залуучуудын анхаарлыг ихэд татаж тэд одоо солонгос хэл, соёлыг сонирхон судлах болсон байна. Жил бүр олон арван хүүхэд залуус солонгос хэлийг шамдан сурч, солонгосын өнө эртний баялаг түүх, өвөрмөц соёл уламжлалтай танилцаж байна.

(2) 다음 내용을 몽골어로 번역하세요.

K-패션의 특성은 세련된 디자인과 일반인도 일상에서 부담 없이 입을 수 있는 실용적이며 대중적인 디자인을 갖고 있다. 또 하나의 장점은 품질 대비 저렴한 가격으로 국내외에서 인식되고 있다는 것이다.

2. 한류와 패션에 대하여 글을 써 보세요. 먼저 다음 내용을 읽어 보세요.

(1) Солонгосын соёлын урсгалын талаар та юу мэдэх вэ?
Солонгосын соёлын урсгал гэдэг нь 2000 оны үеэс эхэлсэн солонгосын олон ангит цуврал кино, K-Pороос эхлэлтэй бөгөөд дэлхийн олон орны хүүхэд залуучууд солонгосын дуу хөгжим, кино урлаг, соёлд анхаарал хандуулж сонирхох болсон үзэгдэл гэж хэлж болно.

(2) Солонгосын соёлын урсгал бусад улсад, тухайлбал Монгол улсад хэрхэн яаж нөлөөлж байна гэж үзэж байна вэ?
Солонгосын соёлын урсгал Монгол улсад ихээхэн нөлөө үзүүлсэн гэж бодож байна. Залуучууд солонгосын дуу хөгжмийг, хамтлаг дуучдыг ихэд сонирхон сонсох болов. Солонгосын уран сайхны болон олон ангит кинонуудыг алгасалгүй үзэж байна. Мөн солонгос бараа бүтээгдэхүүн, үйлчилгээг илүү ихээр хэрэглэх болсон нь энэхүү соёлын урсгалтай шууд холбоотой юм.

(3) Солонгосын орчин үеийн залуус үндэсний хувцсаа өмсөх дуртай юу?
Тийм ээ. Солонгос залуус өөрийнхөө үндэсний хувцас ханбугаараа бахархаж түүнийгээ өмсөх дуртай. Мэдээж өдөр тутам өмсөөд байдаггүй. Ямар нэгэн тэмдэглэлт өдөр юм уу, баярын өдрөөр өмсдөг. Ханбуг бол дэлхий дээр өөр хаана ч байхгүй манай үндэстний өвөрмөц хувцас гэдгээрээ бид бахархдаг.

(4) Солонгос залуус өөрийнхөө гадаад төрхөд их анхаарал хандуулж төрөл бүрийн хувцас авах нь их байдаг байна. Тэд санхүүгийн эх үүсвэрээ хаанаас олдог вэ? Ээж аавaасаа авдаг уу?
Мэдээж эцэг эхээсээ хармааны мөнгө авдаг. Гэхдээ тэр мөнгөөр өөрийнхөө хүссэн хэрэгцээг хангахад дутагдана . Тиймээс ихэнх оюутнууд цагийн ажил хийдэг. Цагийн ажил хийх боломж ч их байдаг. Тэр мөнгөөрөө хөлсний байрныхаа мөнгийг төлөх, амттай зүйл авч идэх, бас гоё хувцас авч өмсөхдөө зарцуулдаг.

(5) 위에 메모한 내용을 바탕으로 취미생활에 대하여 글을 써 보세요

3. '한류' 다음 질문에 대해 간단하게 메모해 보고 그 내용을 바탕으로 글을 작성해 보세요.

(1) Солонгосын соёлын урсгалын талаар та юу мэдэх вэ?

(2) Солонгосын соёлын урсгал бусад улсад, тухайлбал Монгол улсад хэрхэн яаж нөлөөлж байна гэж үзэж байна вэ?

(3) Солонгосын орчин үеийн залуус үндэсний хувцсаа өмсөх дуртай юу?

(4) Солонгос залуус өөрийнхөө гадаад төрхөд их анхаарал хандуулж төрөл бүрийн хувцас авах нь их байдаг байна. Тэд санхүүгийн эх үүсвэрээ хаанаас олдог вэ? Ээж аавaасаа авдаг уу?

(5) Та өөрийнхөө гадаад үзэмжийг тодорхойлохгүй юу? Та өөрийгөө хувцсаа загварлаг байдлаар өмсдөг гэж боддог уу?

(6) 위에 메모한 내용을 바탕으로 글을 써 보세요.

말하기 연습

1.

- Дараагийн долоо хоногт "Солонгосын соёлын өдрүүд" нэртэй арга хэмжээ болох юм байна.
- Өө, тийм үү? Тэр арга хэмжээний үеэр юу юу болох юм бол?
- Солонгосын кино өдрүүд болно гэж байна. K-pop фестиваль, бас загварын шоу болно гэнэ ээ.
- Загварын шоу гэнэ ээ. Тэрийг чинь харин очиж үзмээр юм байна.
- Харин тийм. Би ч бас үзмээр байна. Тэгвэл хоёулаа эртхэн очиж билетийг нь олж авъя. Аягүй бол дуусчихна шүү.

2.

- Туяа, чи энэ цүнхийг хаанаас авсан юм бэ?
- Хороолол, Ачлал гэдэг дэлгүүр байдаг шүү дээ. Тэндээс авсан.
- Яасан гоё юм бэ? Ямар үнэтэй юм?
- 100 орчим мянган төгрөг байсан шиг санагдаж байна.
- Пөөх, ямар үнэтэй юм бэ?
- Одоо яахав дээ. Гоё харагдахын тулд авчихлаа.
- Тэр дэлгүүрт чинь өөр гоё цүнх байна уу?
- Байсан шүү. Энэ байтугай илүү гоё цүнх зөндөө байна лээ.

3.

- Минсү! Чи энэ хувцсаа хаанаас авсан юм бэ?
- Интернэтээс авсан юм. Би ер нь хувцсаа дандаа интернэтээр захиалж авдаг. Дэлгүүр хэсэхгүй, гэрээсээ харж байгаад авчих амар байдаг юм. Тэгээд ч сонголт ихтэй.
- Интернэтээс хувцас авах ч нэг бодлын зүгээр л дээ. Гэхдээ өөрийн биеэр үзэж байж, гараараа барьж байж авсан нь дээр биш үү? Хамгийн наад зах нь размер нь таарч байгааг нь мэдэхгүй. Тэгээд бас яг ямар өнгөтэй гэдгийг нь дэлгэцнээс харснаас өөр шүү дээ.
- Тийм л дээ. Гэхдээ интернэтээр авахын хамгийн давуу тал нь хямдхан. Бас сонголт ихтэй гэж хэлж болно. Нэг бодлын интернэтээр авчхаад өөртөө таалагдахгүй бол буцаахад хүргэлтийн мөнгийг нь төлөх асуудал гардаг ч гэсэн миний хувьд гадуур явж зав цагаа үрж байсан дор бол интернэтээр аваад сууж байсан нь дээр.

단원 평가

1. 다음을 읽고 물음에 답하세요.

Манай гадаад оюутны байр жилд нэг удаа онцгой нэгэн өдрийг тэмдэглэдэг. Тэр өдөр бол орон орноос ирсэн оюутнууд өөрсдийн соёл, хоол ундыг (ⓐ) танилцуулдаг өдөр юм. Оюутнууд өөрийн үндэстний хувцсаа өмсөж, бас уламжлалт хоол ундаа бэлддэг. Тэгээд бүгд хамтдаа хоол ундаа идэж, хөгжилтэй цагийг өнгөрүүлдэг.

(1) (ⓐ)에 가장 알맞은 것을 고르세요.

① ганцаараа
② бүгдээрээ
③ өөр хоорондоо
④ хамтдаа

(2) 글의 내용과 같은 것을 고르세요.

① Бид энэ өдрийг жилд хоёр удаа тэмдэглэдэг.
② Олон орны оюутнууд монгол дээл өмсөж, монгол хоол бэлддэг.
③ Орон орны оюутнууд өөрсдийн өвөрмөц соёл, уламжлалаа танилцуулдаг.
④ Орон орны оюутнууд бие биедээ тусалж хоол ундаа бэлдэцгээдэг.

2. 다음을 읽고 글의 내용과 같은 것을 고르세요.

Хэд хоногийн өмнө ээжийнхээ төрсөн өдрийн бэлэг авахаар их дэлгүүрээр орлоо. Тэр үед авсан бэлгийн маань үнэ нь хэтэрхий өндөр бас баглаа боодол нь хэтэрхий чамин тансаг болохыг анзаарсан юм. Бэлгийн баглаа боодол чамин тансаг байх тусам үнэ нь өсч, хог хаягдал нэмэгдэх мэт санагдсан юм. Ер нь бэлэгний баглаа боодол энгийн даруухан байвал зүгээр юм гэж бодогдов.

① Хэд хоногийн өмнө би ээжээсээ бэлэг авав.
② Миний ээж их дэлгүүрт бэлэг дурсгалын тасагт ажилладаг.
③ Бэлгийн баглаа боодол их байх тусам өндөр үнэтэй болно.
④ Миний ээж чамин тансаг бэлгэнд дургүй.

MEMO

09 Интернэт хэрэглээ

인터넷

학습목표

1. 인터넷과 SNS 관련 표현 익히기
2. 부정 종속연결어미의 용법 익히기
3. 화용적 표현 익히기

1. 인터넷과 SNS과 관련된 어떤 표현이 있을 수 있습니까?
2. 부정부동사는 무엇입니까?
3. 몽골어 구어체 특징이 뭐가 있습니까?

어휘 및 표현

амьдрал ахуй	생활
амьдралын салшгүй хэсэг	삶의 필수 요소
багасгах	감소하다
буруу хандлага	그릇된 경향, 그릇된 태도
давуу байдал	장점
давуу боломж	우월성
донтох	중독되다
зайлшгүй хэрэгцээтэй	필수적인, 반드시 필요한
зохистой хэрэглээ	합리적인 사용
илтгэл тавих	논문을 발표하다
интернэт орчин	인터넷 환경
интернэт	인터넷
интернэт сүлжээ	인터넷망
интернэтээс хайх	인터넷에서 검색하다
муу нөлөө	나쁜 영향
найзын хүсэлт	친구 초대
санаа төрөх	생각이 들다
сөрөг тал	부정적 측면
сөрөг үр дагавар	부작용
тулгамдсан асуудал	당면 문제, 직면한 문제
фэйсбүкийн хаяг	페이스북 주소
хил хязгааргүй	국경을 초월한
хор уршиг	해악
хөнгөвчлөх	덜어주다, 경감하다
хумигдмал	제한적이다
хүлээн авах	받아들이다
хүлээтэй	묶인, 묶여 있는
хэт их урсгал	과도한 유입
хэт удаан	지나치게 느린
цаг тухай бүрд	실시간으로
цаг хэмнэх	시간을 아끼다, 시간을 절약하다
цуглуулах	모으다
шуурхай	신속히

본문

Интернэт

Мэдээллийг хил хязгааргүй, хурдан хугацаанд хүлээн авч чадах интернэт нь хүмүүсийн өдөр тутмын амьдралыг хөнгөвчлөн, цаг хугацааг хэмнэдэг. Мөн ухаалаг гар утас, бүрийн медиа хэрэгслүүд болон сошиал сүлжээ нь өдгөө бидний амьдралын салшгүй хэсэг болжээ.
Интернэт, сошиал медиа нь бидний амьдрал ахуйд олон талын давуу боломжийг олгодог хэдий ч нөгөө талаараа мэдээллийн хэт их урсгал ганц товч дарах төдийд ямар ч шүүлтүүргүйгээр олон зуун мянган хүнд хүрч тархдаг. Үүнээс үүдэн хүмүүсийн дунд олон төрлийн үл ойлголцол, буруу хандлагыг бий болгож болно гэдгийг ч мартаж болохгүй. Бид бүхэн интернэтээр дамжуулан олон төрлийн мэдээллийг шуурхай хүлээн авч, ертөнцийн нөгөө өнцөгт ямар үйл явдал болж байгаа тухай цаг тухай бүрт нь мэдэж чаддаг. Гэсэн хэдий ч интернэт дээр хэт удаан сууснаас эрүүл мэндэд муугаар нөлөөлж, бас дэлгэцэд донтох зэрэг сөрөг үр дагавар гардаг болохыг анхаарах хэрэгтэй. Тиймээс интернэтийн зохистой хэрэглээг бий болгож, давуу байдлыг хөгжүүлэн, сөрөг талыг нь багасгах нь юу юунаас чухал юм.

대화 1

Туяа Минсү! Би чиний фэйсбүкийн хаягийг авч болох уу?

Минсү Бололгүй яахав. Би чиний нэрээр хайж олоод найзын хүсэлт явуулчихъя.

Туяа Өө, баярлалаа. Манай ангийн найзууд чиний фэйсбүкийг их сонирхолтой гэцгээж байна лээ.

Минсү Тийм үү? Би монголд байх хугацаандаа үзэж харсан зүйл, амталж үзсэн хоол, шинээр төрсөн санаануудаа бичиж оруулдаг юм. Надад их сонирхолтой байдаг л даа.

Туяа Одоо ч хаанаас л бол хаанаас интернэтэд орж болдог болсон болохоор амар болжээ. Хуучин интернэтгүй байхад яаж амьдардаг байсан юм болоо?

Минсү Нэг бодлын тийм ч гэсэн нөгөө талаараа хүмүүс интернэтэд дэндүү хүлээтэй, хумигдмал байдалтай болсон юм шиг надад санагддаг.

대화 2

Туяа Болд оо! Энэ удаагийн илтгэлээ яаж тавихаар болсон бэ?

Болд PPT бэлдээд тавихаар болсон.

Туяа Аан. Материалаа цуглуулаад өгвөл би PPT бэлдье.

Болд За, тэгээрэй. Гэхдээ материалаа хаанаас, яаж цуглуулбал зүгээр вэ?

Туяа Интернэтээс хайгаад аятайхан материал байвал татаж аваад ашиглаж бас болно шүү дээ.

Болд Тэгье, тэгье.

Туяа Цуглуулаад бэлэн болчихвол над руу мэйлээр явуулчхаарай.

Болд За. Мэйл хаягаа өгөөч. Би явуулчихъя.

대화 3

Туяа Минсү! Монгол орны тухай үнэхээр сайн мэдэх юм аа. Заримдаа миний сайн мэдэхгүй зүйлийг хүртэл мэдчихсэн байх юм. Чи энэ мэдээллүүдийг хаанаас олж авдаг юм бэ?

Минсү Би монголтой холбоотой төрөл бүрийн мэдээллийг BlueMongol гэдэг блогоос ихэвчлэн олж авдаг юм. Энэ блогийг хөтөлдөг хүн нь монгол орны тухай төрөл бүрийн мэдээллийг шуурхай орчуулан оруулдаг. Тийм болохоор шинэ мэдээллүүдийг цаг алдалгүй хүлээж авч, унших боломжтой байдаг юм.

Бас гадаадын хүний нүдээр монгол орны тухай хэрхэн харж байгаа тухай сонирхолтой нийтлэлүүдийг ч олж харж болно.

Миний хамгийн их сонирхдог сэдэв бол аялал. Энэ блог дээр хүмүүс чөлөөтэй сэтгэгдэл үлдээж, зарлал тавьж болдог. Монгол орноор хамтдаа аялахыг хүсэж байгаа хүмүүс зарлал тавих юм уу, тэдгээр хүмүүс хэрхэн аялсан тухайгаа сэтгэгдлээ үлдээдэг. Тийм Монгол орны аялал жуулчлалын талаарх дэлгэрэнгүй мэдээлэл, үнийн санал зэргийг харж болно.

Хэрвээ чи сонирхож байвал https://cafe.naver.com/bluemongol хаягаар орж үзээрэй.

문법설명

1. 부정의 종속연결어미(Үгүйсгэн холбох нөхцөл) -лгүй

이 연결어미는 호응의 의미를 나타내는 яахав와 짝을 이루어 동의, 허가의 의미를 나타낸다. -лгүй 어미의 다양한 의미 기능을 다음의 예들에서 살펴볼 수 있다.

(1) -лгvй яахав
/호응, 동의, 허가, 확정/
동사의 어간에 연결하여 동의 또는 확정의 의미를 나타낸다.

Бололгүй яахав.	물론 됩니다.
Мэдэлгүй яахав.	물론 이해합니다.
Туслалгүй яахав.	물론 도와드립니다.

(2) V + лгүй + V
부정의 의미를나타낸다. 한국어의 '~지 않고'에 대응된다

Ким гэрийн даалгавраа хийлгүй иржээ.
김은 숙제를 하지 않고 왔다.
Тэр номыг хичээлийнх нь ном гэж мэдэлгүй хүнд өгчихжээ.
그는 책이 수업교재라는 것을 모르고 다른 사람에게 주어 버렸다.

(3) V + чада+лгүй + V
특정 행위나 능력의 가능 여부의 의미를 나타낸다. 한국어의 '~지 못한 채, ~ 수 없어서'에 대응시킬 수 있다.

Би хоол хийж чадалгүй гараад явсан.
나는 요리를 할 수 없어서 나갔다.
Өглөө юм идэж чадалгүй гэрээсээ гарсан.
아침에 식사도 못 한채 집에서 나갔다.

(4) V + лгүй + N
한정사의 기능을 하며 한국어의 '~이 없는'에 대응된다.

Баатар гуай огт мэдэлгүй хүн.
바타르 씨는 전혀 권한이 없는 사람이다.
Тэр их чадалгүй хүн.
그는 매우 무능한 사람이다.

2. -аас өөр, -аас илүү

어떤 하나의 선택의 기회 밖에 없다는 의미를 나타내는 본 표현은 대부분 부정적 의미를 갖는 문장에 사용된다. 한국어의 '~밖에, ~만, ~ 외에' 등의 어미와 가까운 의미를 나타낸다.

Надад үүнээс өөр сонголт алга.
내게는 이것 외에 다른 선택이 없다.
Чамд 5 минутаас илүү цаг байхгүй шүү!
네게는 단 5분밖에 시간이 없어.
Одоо ингээд явахаас өөр арга алга даа.
지금 이렇게 가는 것 외에 다른 방법이 없어.

듣기 연습

1. 다음 문장을 듣고 따라서 말하세요.

» Чи маргааш зав гаргаж чадах уу?
» Зав гаргалгүй яахав.

» Та маргааш ирж амжих уу?
» Ирэлгүй яахав.

» Та түүнд тусалж чадах уу?
» Тэгэлгүй яахав.
» Туслалгүй яахав.
» Тусалж чадалгүй яахав.

2. 다음 문장을 듣고 따라서 말하세요.

» Тэр гэртээ ирсэнгүй. Тэр шууд цагийн ажилдаа явжээ.
» Тэр гэртээ ирэлгүй шууд цагийн ажилдаа явжээ.

» Тэр надад хэлсэнгүй. Тэр нуугаад өнгөрсөн байна.
» Тэр надад хэлэлгүй нуугаад өнгөрсөн байна.

» Тэр гэрийн даалгавраа хийгээгүй. Тэр иржээ.
» Тэр гэрийн даалгавраа хийлгүй иржээ.

» Би энэ тухай түүнд хэлж чадаагүй. Би түүнийг явуулсан.
» Би энэ тухай түүнд хэлж чадалгүй явуулсан.

» Би найзтайгаа уулзаж чадаагүй. Би хойноос нь захиа бичсэн.
» Би найзтайгаа уулзаж чадалгүй хойноос нь захиа бичсэн.

3. 다음 문장을 듣고 따라서 말하세요.

» Надад энэ ном л байна.
» Надад ганц чи л байна.
» Надад нэг цагийн хугацаа л байна.
» Надад энэ л үлдсэн байна.
» Надад юу л байна. Зав цаг л байна.

» Надад энэ номноос өөр юу ч байхгүй.
» Надад чамаас өөр хэн ч байхгүй.
» Надад нэг цагаас илүү хугацаа алга.
» Надад үүнээс өөр үлдсэн юм алга.
» Надад зав цагаас өөр юм алга.

읽기 연습

1. 다음 문형을 읽어 보세요.

Би таныг явахаас өмнө очиж уулзалгүй	яахав (яах вэ?).
Миний буруугаас болсон болохоор би хариуцлагаа үүрэлгүй	
Тэр хүний тухай би сайн мэдэлгүй	
Урьдчилж сайтар бэлдэлгүй	
Учир байдлыг нь сайн тодруулсны дараа асуудалд хандалгүй	
Би уучлал гуйлгүй	

2. 다음 문형을 읽어 보세요.

Би түүнийг	харалгүй	өнгөрсөн байна.
Багшийн хэлсэн үгийг ухаарч	сонсолгүй	одоо харамсаж байна.
Найздаа би	итгэлгүй	тун муухай юм боллоо.
Энэ тухай би	мэдэлгүй	тун тоогүй хэрэг боллоо.
Өгнө гэж байсан юмаа	өгөлгүй	гараад ирсэн байна.
Өөрийнхөө юмыг ч	авалгүй	яараад гараад явчихаж.

3. 다음 문형을 읽어 보세요.

Би энэ тухай түүнд хэлж	чадалгүй амжилгүй	явсаар өдийг хүрэв.
Өглөөний цайг ууж		гэрээсээ яаран гарлаа.
Ирсэн зорилгоо биелүүлж		буцах боллоо.
Түүнтэй ганц ч үг сольж		өнгөрлөө.
Хайсан номоо олж		урам их хугарав.

4. 다음 문형을 읽어 보세요.

Надад Чамд Түүнд Болдод	орхиод явахаас худал хэлэхээс хурдан дуусгахаас замаас нь орхихоос татгалзахаас үүнээс түүнээс	өөр илүү	сонголт байсангүй. арга байсангүй.

추가 어휘

ая тухтай байдал	평온한 상태
зайн сургалт	원격 교육
заналхийлэх	협박하다, 위협하다
интернэт хэрэглээ	인터넷 사용
кибер орчин	사이버 환경
кибер халдлага	사이버 공격
муу дадал зуршилд уруу татах	나쁜 습관에 빠지도록 유혹하다
мэдээлэл олж авах	정보를 얻다
мэдээлэл солилцох	정보를 교환하다
мэдээлэл хайх	정보를 검색하다
огцом өсөх	급증하다
садар самууныг сурталчилсан мэдээлэл	음란 홍보물 정보
судалгаа	조사
сэтгэл санааны байдал	심리 상태
сэтгэцийн эмгэг	정신 질환
түргэн шуурхай	신속히
үзэл бодлоо хуваалцах	의견을 교환하다
хамааралтай болох	의존, 귀속
хараат болох	종속되다, 예속되다
хүчирхийлэл	폭력
хэт донтох өвчлөл	중독
шохоорхолдоо хөтлөгдөх	깊이 빠지다, 지나치게 호기심을 갖다
шохоорхох	깊이 빠지다
шүүлтүүргүй мэдээлэл	필터링 없는 정보
эрс буурах	급격히 감소하다
эсрэгээрээ	반대로

쓰기 연습

1. 아래의 내용을 번역해 보세요.

(1) 다음 내용을 한국어로 번역하세요.

Сүүлийн үеийн судалгаанаас харахад бага насны хүүхдүүд зурагт үзэх нь эрс буурсан тухай судалгаа гарсан бөгөөд үүнтэй эсрэгээрээ интернэт хэрэглээ нь харин огцом өсжээ. Хэрэв эцэг эх нь түүнээс холдуулах гэж оролдсон үед дургүйцэж, эсэргүүцсэн байдалтай хүлээн авч эхэлбэл тэдний эрүүл мэнд, сэтгэл санааны байдал интернэт, цахим орчноос тодорхой хэмжээгээр хараат болсны илрэл юм.

(2) 다음 내용을 몽골어로 번역하세요.

요즘 인터넷처럼 편리한 것이 없다. 인터넷은 정보 검색, 교육, 쇼핑, 인터넷 뱅킹 등 아주 많은 분야에서 활용되고 있다. 우리는 매일 인터넷으로 원하는 정보를 얻기도 하고 전자우편을 활용해 빠르고 쉽게 소식을 주고받기도 한다. 그 뿐만 아니라 언제든지 멀리 있는 친구와 얼굴을 마주 보며 대화를 하기도 하고 현지에 가지 않고도 손쉽게 필요한 물건을 사기도 한다.

2. 인터넷 사용에 대하여 글을 써 보세요. 먼저 다음 내용을 읽어 보세요.

(1) Интернэтийн давуу тал юу вэ?

Хамгийн нэгдүгээрт, интернэтийн хэрэглээ нь хүмүүсийн амьдралд ая тухтай байдлыг бий болгож өгдгөөрөө онцлогтой. Өөрөөр хэлбэл, маш түргэн шуурхай хугацаанд хүссэн мэдээллээ хайх, олж авах, солилцох боломжийг бүрдүүлж өгдөг. Өөр олон зүйлийг дурдаж болох боловч сүүлийн үед интернэт ухаалаг гар утсыг зайн сургалтад ихээр ашиглах болсон.

(2) Интернэтийн сөрөг тал юу вэ?

Мэдээлэл ямар нэгэн шүүлтүүргүй байдаг нь хамгийн том сул тал. Мөн хүчирхийлэл, садар самууныг сурталчилсан сөрөг мэдээлэл их байдаг. Эдгээр мэдээллийг насанд хүрээгүй хүүхэд ч олж авч болно. Мөн кибер орчин, тоглоом зэрэг нь хэт донтох өвчлөлийг үүсгэдгээрээ сүүлийн үед ихээхэн асуудал үүсгэж байна.

(3) Та интернэт болон ухаалаг гар утасны хэрэглээг юу гэж бодож байна вэ?

Амьдралыг ая тух, цаг хугацааг хэмнэх, мэдээлэл олж авах болох солилцох гээд олон олон давуу талыг бид бүхэнд олгож байна. Өнөөдөр интернэтгүйгээр ухаалаг гар утасгүйгээр амьдралыг төлөөлөх хэцүү болсон. Энэ нөгөө талаар, хүмүүсийг муу дадал зуршилд уруу татаж байж болох талтай ч өнөөдөр бүх зүйл интернэтээс хамааралтай болсон гэж хэлэхэд хэтрүүлэг болохооргүй болсон байна.

(4) Та сошиал медиа ашигладаг уу? Ямар зорилгоор ашигладаг вэ?

Хүний нэгэн үндсэн чанар бол бусад хүмүүсийн тухай, тэдний амьдралын тухай ямагт шохоорхож, анхаарлаа хандуулж байдаг. Энэ ч утгаараа сошиал медиад тавигдсан ихэнх мэдээлэл тухайн хувь хүний хувийн амьдрал, үзэл бодлыг тусгасан байдаг. Миний хувьд ч гэсэн тэр шохоорхолдоо хөтлөгдөн тодорхой хэмжээгээр сошиал медиаг ашигладаг.

(5) 위에 메모한 내용을 바탕으로 취미생활에 대하여 글을 써 보세요

3. '인터넷' 다음 질문에 대해 간단하게 메모해 보고 그 내용을 바탕으로 글을 작성해 보세요.

(1) Интернэтийн давуу тал юу вэ?

(2) Интернэтийн сөрөг тал юу вэ?

(3) Та интернэт болон ухаалаг гар утасны хэрэглээг юу гэж бодож байна вэ?

(4) Та сошиал медиа ашигладаг уу? Ямар зорилгоор ашигладаг вэ?

(5) Интернэт таны амьдралд ямар өөрчлөлтүүдийг олгож байна гэж бодож байна вэ?

(6) 위에 메모한 내용을 바탕으로 글을 써 보세요.

말하기 연습

1.

- Оюутан залуучуудад интернэт ямар боломж олгож байна вэ?
- Маш өргөн бололцоог олгож байна гэж болно. Хамгийн нэгдүгээрт, сурч боловсрох, өөрийгөө хөгжүүлэхэд хэрэгтэй мэдээ мэдээллийг хайх, олох, хуваалцаж болох боломжийг олгож байна. Мөн сурч мэдэхийн зэрэгцээ чөлөөт цагаа өнгөрөөх хөгжилтэй, сонирхолтой олон олон контент, тоглоомууд бий. Интернэтээс зөвхөн мэдээллийг олж авахаас гадна олон янзын хүмүүстэй уулзан учирч болно. Тэдгээр хүмүүстэйгээ интернэтийн орчинд үзэл бодлоо хуваалцаж, сурч мэдэж болно.
- Гэхдээ интернетийн хэрэглээ зөвхөн сайн сайхан зүйлийг бидэнд олгодог гэж хэлж болохгүй байх аа.
- Тийм ээ. Дээр дурдсанчлан интернэт нь олон талын сайн тал, давуу боломжийг бидэнд олгодог хэдий ч сөрөг ч тал ч бий. Тухайлбал, сөрөг мэдээлэл, хортой мэдээллүүд ямар нэгэн шүүлтүүр давалгүйгээр орж ирдэг. Мөн кибер халдлагын аюул өдөр бүр заналхийлж байдгийг хэзээ ч мартаж болохгүй. Тиймээс өөрийнхөө хувийн мэдээллийг хэзээ ч интернэт орчинд тавьж болохгүй. Түүнээс гадна бодит байдлаас тасархай болох, хэт удаан хэрэглээний улмаас дэлгэцэд донтох зэрэг сэтгэцийн эмгэг үүсгэх зэрэг олон сөрөг тал байгааг хэлэх нь зүйтэй.

단원 평가

1. 대화를 잘 듣고 대화 내용과 같으면 O, 다르면 X 하세요.

(1) **Эмэгтэй** Нотбүкээ авчраарай гэсэн үү?
Эрэгтэй Үгүй, үгүй. Ангид байгаа компьютер ашиглахаар болсон.
Эмэгтэй Тэгвэл би нотбүкээ орхилоо шүү.

(2) **Эмэгтэй** Багш рефератаа хэвлээд хураалга гэсэн үү?
Эрэгтэй Үгүй. Мэйлээр явуулаарай гэж байна лээ.

(3) **Эрэгтэй** Энэ тухай мэдээллийг хаанаас олох уу? Номын сан орох уу?
Эмэгтэй Эхлээд интернэтээр хайгаад үзвэл ямар вэ?

(1) Эмэгтэй оюутан нотбүкээ авч явахгүй. ( )

(2) Багшдаа рефератаа мэйлээр явуулах ёстой. ( )

(3) Хэрэгтэй мэдээллээ номын сан орж хайхаар болсон. ( )

2. 대화를 잘 듣고 물음에 답하세요.

Эрэгтэй Минжон аа! Болдын фэйсбүк рүү орж үзсэн үү?

Эмэгтэй Үзсэн. Надад найзын хүсэлт явуулаад тэгээд орж үзсэн. Манай ангийнхны зураг, номын санд хамт авхуулсан зураг, хамт хоол идэж байгаа зураг гээд зөндөө зураг оруулсан байна лээ.

Эрэгтэй Харин надад оюутны амьдралын тухай бичсэн зүйлс нь их таалагдсан. Их дажгүй юм байна лээ. Хаяа орж үзэж байна аа.

Эмэгтэй Би ч гэсэн бичсэн юмыг нь уншсан. Олон төрлийн хэрэгтэй мэдээллүүд оруулсан байна лээ. Дандаа орж үзэж байнаа.

(1) 두 사람의 대화 주제로 알맞은 것을 고르세요.

① Интернэтийн хэрэглээ

② Фэйсбүк

③ Оюутны амьдрал

④ Хамт авхуулсан зураг

(2) 대화 내용과 같으면 O, 다르면 X 하세요.

① Энэ 2 оюутан Болдын бичлэг зүйлийг уншсан. ( )

② Энэ 2 оюутан хамт авхуулсан зургаа оруулсан. ( )

③ Энэ 2 оюутан Болдын оруулсан зургийг хамтдаа үзсэн. ( )

④ Энэ 2 оюутан цаашдаа Болдын фэйсбүкийг дандаа орж үзнэ. ( )

10 Эрүүл саруул амьдрал

건강한 삶

학습목표

1. 건강한 삶 관련 표현 익히기
2. 몽골어의 접속사 익히기
3. 몽골어의 속담에 대하여 알아보기

1. 건강한 삶이란 무엇입니까?
2. 몽골어의 접속사는 어떤 개념입니까?
3. 몽골어에서는 어떤 속담이 있습니까?

어휘 및 표현

ажил амралтаа зохицуулах	일과 휴식을 조절하다
ажлын ачаалал	업무 부담
аз жаргал	행복
аль болох	가능하면
амьдралын зөв хэвшил	삶의 바른 습관
ачаалал өгөх	부담을 주다
дархлаа муудах	면역력이 떨어지다
дасгал хөдөлгөөн хийх	운동을 하다
зөв хооллолт	올바른 식습관
зөвлөх	조언하다
махан бүтээгдэхүүн	육류
өвчин эмгэг	질병
өөртөө тохирсон	자신에 맞는
өөх тос	비계
татгалзах	거부하다, 거절하다
тогтмол	정기적
түлхүү хэрэглэх	위주로 사용하다, 주로 사용하다
халуурах	열이 나다
ханиад хүрэх	감기 걸리다
харгалзан үзэх	숙고하다, 고려하다
хоол хүнс	식품
хор нөлөө	악영향
хөнгөн гимнастик	가벼운 체조
хүнсний ногоо	야채, 채소
цаг уурын нөхцөл байдал	기후 조건
цээж бачуурах	가슴이 갑갑해지다
эрүүл саруул	건강한
эрүүл чийрэг	건강한
эрүүлийг хамгаалах байгууллага	보건기관

본문

Эрүүл саруул амьдрал

"Эрүүл биед саруул ухаан оршдог."

Саруул ухаанд эрүүл бие оршино гэж ч бас болно. Ер нь нэг юмны хоёр тал ч гэмээр юм уу?

Өвчин эмгэггүй эрүүл саруул, аз жаргалтай амьдрахад тус болох амьдралын зөв хэвшлийн талаар эрүүлийг хамгаалах байгууллага, эмч нар хэрхэн зөвлөж байгаа талаар танилцуулъя.

Нэгдүгээрт, хангалттай унтаж амрах. Судалгаанаас харахад хүн өдөрт багадаа 7-8 цаг унтаж амрах нь оюун санаа, сэтгэл зүй, бие махбодын эрүүл мэндэд үнэхээр тустай байдаг байна. Шөнө хангалттай сайн амарч чадаагүйн улмаас ажил хөдөлмөр, сурлагын үр дүнд сөргөөр нөлөөлж, аливаа зүйлд төвлөрөх чадварыг багасгадаг байна.

Хоёрдугаарт, зөв хооллолт. Хоол хүнсэндээ хүнсний ногоог түлхүү хэрэглэж, аль болох өөх тостой мах, махан бүтээгдэхүүнийг багасгах хэрэгтэй. Гэхдээ цаг уурын нөхцөл байдал, ажлын ачаалал зэргээ харгалзан үзэх хэрэгтэй. Цагаан будаа, гурилын хэрэглээнээс аль болох татгалзаж, ус их уун, төрөл бүрийн үр, самар, жимсийг тэнцвэртэйгээр өөртөө зохицуулан хэрэглэх нь юу юунаас чухал юм. Хэрвээ энэ тал дээр ямар нэгэн туслалцаа хэрэгтэй бол шим тэжээлийн технологич, эмч мэргэжилтнээс зөвлөгөө авах хэрэгтэй.

Гуравдугаарт, дасгал хөдөлгөөн. Өөртөө хэт их ачаалал өгөхгүйгээр дасгал хөдөлгөөнийг тогтмол, тууштай хийх нь бие махбод төдийгүй оюун санааг үргэлж эрч хүчтэй, залуу байлгахад тусална.

Эцэст нь эрүүл саруул амьдралд хамгийн чухал зүйл бол муу зуршлаасаа салах явдал юм. Тухайлбал, тамхи татах, архийг хэтрүүлэн хэрэглэх зэрэг нь төрөл бүрийн хорт хавдар, архаг хууч өвчний эх үүсвэр болох төдийгүй жаргалтай урт наслах хугацааг богиносгоно.

Аз жаргалтай урт удаан насалж, ажил хөдөлмөртөө амжилт бүтээл дүүрэн байхын тулд бид эрүүл саруул амьдралын хэвшлийг мөрдөх нь хэрэгтэй юм.

대화 1

Туяа Амар аа! Царай чинь яасан цонхигор байх юм? Бие чинь өвдөө юу?

Амар Харин тийм ээ. Ханиад хүрээд халуураад байна.

Туяа Чи чинь уг нь эрүүл чийрэг л харагддаг сан. Гэнэт яагаад ханиад хүрчхэв?

Амар Сүүлийн хэдэн өдөр хичээл ихтэй, өдөр шөнөгүй суугаад... Бас хоол унд ч сайн идэж ууж чадаагүй болохоор дархлаа муудсан юм шиг байна.

Туяа Ээ. Хэчнээн хичээл ном ихтэй байсан ч гэсэн хоол ундаа сайн идэж, ажил амралтаа зохицуулах хэрэгтэй шүү дээ.

Амар Харин тийм юм байна. Цаашид амьдралын зөв хэвшилтэй болох хэрэгтэй юм байна.

대화 2

Болд Сайн уу, Тунгаа? Сонин сайхан юутай байна?

Тунгаа Юмгүй дээ. Ойрд бие жаахан тааруу байна.

Болд Яагаа вэ? Юу болов?

Тунгаа Шөнө нойр хүрдэггүй ээ. Сайн унтаж чадахгүй байна.

Болд Хэзээнээс тэр вэ? Ямар шинж тэмдэг илэрч байна?

Тунгаа Нэг долоо хоногийн өмнөөс шахуу. Унтах гээд хэвтэхээр цээж бачуураад сайн нойр хүрэхгүй юм.

Болд Тийм үү? Тэгвэл оронд орохоосоо өмнө халуун сүү уугаад, бас хөнгөн гимнастик хийвэл сайн нойр хүрдэг гэж ярьдаг юм билээ.

Тунгаа Тийм үү? Баярлалаа. Оролдоод үзнэ ээ.

대화 3

Туяа Солонгос хүмүүс гэр бүл, эрүүл мэнд, мөнгө төгрөг, амьдралын ая тухтай байдал гээд эдгээрийн дундаас юуг нь хамгийн чухал гэж үздэг вэ?

Минсү Мэдээж манай солонгосчууд гэр бүлийг хамгийн чухал гэж үздэг. Харин түүний дараа эрүүл мэнд, боловсрол, мөнгө төгрөг, найз нөхөд, нийгмийн харилцаа гээд олон зүйлийг нэрлэж болох байх.

Туяа Аль ч улсад гэр бүл хамгийн чухал зүйлд тооцогдох юм. Манай монголд ч гэсэн гэр бүлийг хамгийн чухал гэж үздэг. Харин түүний дараа ажил мэргэжил, нийгмийн байр суурийг чухалчилдаг юм шиг санагддаг. Солонгос хүмүүс бол эрүүл мэндийг тун чухал гэж боддог юм байна.

Минсү Тийм шүү. Эрүүл биед саруул ухаан оршино гэдэг шүү дээ. Эрүүл байх юм бол сурч хөдөлмөрлөж, мөнгө төгрөг олж, аялан зугаалж чадна. Тиймээс эрүүл орчин, эрүүл хүнс, амьдралын зөв хэвшилд суралцах нь хамгийн чухалд тооцогддог. Эрүүл амьдралын хэвшлийн тухай интернэтээс болон төрөл бүрийн сонин хэвлэлээс төвөггүй олж үзэж болно. Би ч бас монголд ирээд эрүүл хүнс хэрэглэж, байнга дасгал хөдөлгөөн хийн аль болох сайн амарч стресс багатай амьдрахыг хичээж байна.

문법설명

1. 몽골어 접속사

문장의 대등하게 이어진 성분 및 일반 복문, 독립적인 문장, 문단 등을 연결시키는 기능을 갖는 '*ба, буюу, бөгөөд, болон, боловч, болоод, болбол, (бол), гэтэл, гэвч, гэлээ ч, гэсэн, тэгтэл, тэгэвч, тэглээ ч гэсэн, тэгэхлээр, тэгээд, тэрчлэн, тиймээс, тийм учраас, тиймийн тул, мөн түүнчлэн, түүгээр ч барахгүй, барахгүй, байтугай, төдийгүй, үл барам, иймээс, иймийн тул, ийм учраас, ингэхлээр, ингээд, түүнчлэн, үүнчлэн, харин, хэрэв, атал, агаад, авч, өөрөөр хэлбэл, мөн бас, цаашилбал, наашилбал, нэг бол, эсвэл, аль эсвэл, хийгээд*' 등의 어휘를 접속사라 한다. 이들 접속사가 언어구조상 수행하는 유일한 기능은 문장과 문장 성분을 대등하게 연결하는 것이다. 따라서 그 기능에 따라 문장 성분을 연결하는 접속사 또는 문장들을 연결하는 접속사 두 가지로 분류할 수 있다. 문장 내의 대등한 성분을 연결하는 '*ба, бөгөөд, буюу, болон, боловч, болоод, болбол, байтугай, атал, агаад, авч, хийгээд, бас*' 등의 어휘가 여기에 포함된다.

(1) ба

이 접속사는 단어와 단어를 연결하는 데 쓰이며 '~와/과'에 해당한다.

мал аж ахуй ба газар тариалан	축산업과 농업

(2) болон, болоод

болон은 동사 бол-에 부동사형어미 -н이 붙은 것으로 '~이 되어, ~이고'의 뜻이며, болоод도 бол-에 부동사형어미 -оод가 붙은 것으로서 역시 '~이 되어, ~이고'의 뜻을 지녔는데 현재는 '~과'의 뜻을 접속사로 쓰이고 있다.

бороо болон цас	비와 눈
өргөн болоод өндөр	넓고 높은

(3) бөгөөд, хийгээд

бөгөөд은 бө-(~이다, ~이 있다)에 부동사형어미 -өөд가 붙은것이며, хийгээд도 -хий(하다)에 -ээд가 붙은 것이다. 이때 모음과 모음을 연결할 때 -г- 자음을 첨가한다.

сэргэлэн бөгөөд гавшгай	똑똑하고 민첩한

(4) эсвэл, эсхүүл

Эс-(~이 아니다)에 -вэл, -хүүл(둘 다 가정의 부동사형어미)이 붙은 것이다. Буюу도 '~이나, 또는'을 뜻하는 접속사로 문어의 буюу(~인가?)에서 유래된 것이다.

Чи явах уу эсвэл би явах уу?
너가 가겠느냐 아니면 내가 갈까?
Та цай уух уу эсхүл айраг уух уу?
당신은 차를 마시겠습니까, 아니면 마유주(馬乳酒)를 마시겠습니까?

2. 몽골 속담

어느 민족이든지 고유의 속담이 있기 마련이다. 몽골어에도 속담이 풍부하며 가장 광범위하게 사용되는 속담들을 소개하고자 한다.

Аавын сургаал алт.
Ээжийн сургаал эрдэм.
아버지의 교훈은 금이며, 어머니의 교훈은 교양이다.

Ах нь сургадаг.
Дүү нь сонсдог.
형은 가르치고 동생은 듣는다.

Айвал бүү хий.
Хийвэл бүү ай.
두려우면 하지 말라, 할 것이면 두려워하지 말라.

Зуун хүний зүс үзэхээр
Нэг хүний нэр тогтоо.
백 명의 낯을 익히는 것보다 한 사람의 이름을 기억하라.

Зовлонгийн хурдан нь
Жаргалын удаан нь дээр.
고생은 빠른 것이 낫고 행복은 오래 지속되는 것이 낫다.

Өргүй бол баян.
Өвчингүй бол жаргал.
빚이 없으면 부자 병이 없으면 행복.

Тэнхээтэй явахад тэмээгээр тусалснаас
Тэвдэж явахад тэвнээр тусал.
잘 살 때 낙타를 주는 것보다 못 살 때 송곳을 주라.

Биеэ засаад гэрээ
Гэрээ засаад төрөө зас.
자신을 고치고 가정을 고쳐라 가정을 고치고 국가를 고쳐라.

Нэр хугарахаар
Яс хугар.
이름이 망가지는 것보다 뼈가 부러지는 것이 낫다.

Ой мод урттай, богинотой.
Олон хүн сайнтай, муутай.
숲 속에 길고 짧은 나무가 있으며 만인 중에 선인과 악인이 있다.

Усыг нь уувал ёсыг нь дага.
(그) 물을 마셨으면 (그) 법도 따르라.

Инээсэн бүхэн нөхөр биш.
Уурласан бүхэн дайсан биш.
웃는 사람마다 친구가 아니며 화내는 사람마다 적이 아니다.

듣기 연습

1. 다음 문장을 듣고 따라서 말하세요.

» Олон мянган оюутнууд Монгол Улсын Их Сургууль ба бусад их дээд сургуулиудад сурдаг.
» Олон мянган оюутнууд Монгол Улсын Их Сургууль болон бусад их дээд сургуулиудад сурдаг.

» Монгол орны хөдөө аж ахуйн салбар нь мал аж ахуй ба газар тариалангаас бүрддэг.
» Монгол орны хөдөө аж ахуйн салбар нь мал аж ахуй болон газар тариалангаас бүрддэг.

» Энэхүү соёлын өв нь монголчуудын эдийн ба оюуны соёлын түүхэнд чухал ач холбогдолтой юм.
» Энэхүү соёлын өв нь монголчуудын эдийн болон оюуны соёлын түүхэнд чухал ач холбогдолтой юм.

2. 다음 문장을 듣고 따라서 말하세요.

» Тэр энэ тухай анх надад хэлсэн ба цаашдаа яах тухайгаа асуусан.
» Тэр энэ тухай анх надад хэлсэн бөгөөд цаашдаа яах тухайгаа асуусан.

» Хэлэх ярих зүйлээ эхлээд сайн бодох хэрэгтэй ба бас нөгөө хүнийхээ байр суурийг бодолцож үзэх хэрэгтэй.
» Хэлэх ярих зүйлээ эхлээд сайн бодох хэрэгтэй бөгөөд бас нөгөө хүнийхээ байр суурийг бодолцож үзэх хэрэгтэй.

3. 다음 문장을 듣고 따라서 말하세요.

» Үүнийг эсвэл түүнийг авъя.
» Үүнийг аль эсвэл түүнийг авъя.
» Үүнийг үгүй бол түүнийг авъя.
» Үүнийг нэг бол түүнийг авъя.

» Чи явах уу, эсвэл би явах уу?
» Чи явах уу, аль эсвэл би явах уу?
» Чи явах уу, үгүй бол би явах уу?
» Чи явах уу, нэг бол би явах уу?

4. 다음 문장을 듣고 따라서 말하세요.

» Аавын сургаал алт. Ээжийн сургаал эрдэм
» Ах нь сургадаг. Дүү нь сонсдог.
» Айвал бүү хий. Хийвэл бүү ай.
» Зуун хүний зүс үзэхээр Нэг хүний нэр тогтоо
» Зовлонгийн хурдан нь жаргалын удаан нь дээр.
» Өргүй бол баян. Өвчингүй бол жаргал.
» Тэнхээтэй явахад тэмээгээр тусалснаас тэвдэж явахад тэвнээр тусал.
» Биеэ засаад гэрээ, гэрээ засаад төрөө зас.
» Нэр хугарахаар яс хугар.
» Ой мод урттай, богинотой. Олон хүн сайнтай, муутай.
» Усыг нь уувал ёсыг нь дага.
» Инээсэн бүхэн нөхөр биш. Уурласан бүхэн дайсан биш.

읽기 연습

1. 다음 문형을 읽어 보세요.

Чи Энэ Монголчуудын эдийн Шинжлэх ухааны тулгуур Олон олон залуучууд Солонгос	ба	би. тэр. оюуны соёлыг судална. хавсарга гэж хоёр ангилна. Япон улсад суралцаж байна.

2. 다음 문형을 읽어 보세요.

Миний найз монголд сурч байгаа Анх монголд ирэхэд сонин байсан Би ирэх жил нутаг руугаа явах Би түүнд хайртай Би сэлбэг тун ховор	бөгөөд	удахгүй ирнэ. ойлгохгүй зүйл их байсан. дахиж ирэх эсэхээ мэдэхгүй. үргэлж түүнийг боддог. их үнэтэй юм.

3. 다음 문형을 읽어 보세요.

Чи түүнд итгэж байна уу Чи одоо явах юм уу Чи намайг сонсож байна уу Чи энэ жимсэнд дуртай юм уу Чи хариуг нь сонсмоор байна уу	эсвэл эсхүл аль эсвэл үгүй бол нэг бол	үгүй юу?

Чи улааныг нь авах уу Чи улаан алиманд дуртай юу Би маргааш Би Доржтой Би машинаар юм уу	эсвэл эсхүл аль эсвэл үгүй бол нэг бол	ногооныг нь авах уу? ногоон алиманд дуртай юу? нөгөөдөр явна. Болдтой хамт явна. галт тэргээр явна.

Би Чи Тэр Болд	эсвэл эсхүл аль эсвэл үгүй бол нэг бол	гэртээ монголоор өвдсөн одоо ир үнэнээ хэл	эсвэл эсхүл аль эсвэл үгүй бол нэг бол	сургууль дээр байгаа. солонгосоор мэйл бичье. худлаа ярьсан. хэзээ ч битгий ир. надтай дахиж бүү уулз.

추가 어휘

стресстэй	스트레스를 받다
ачаалалтай	부담을 갖다
урт удаан амьдрах	장수하다, 오래 살다
эрүүл хүнс	건강한 식품
арьс залуужих	피부가 젊어지다
өнгөлөг толигор болох	매끈한 피부가 되다
суугаа ажил хийх	앉아서 일을 하다
байгалийн гаралтай цэвэр бүтээгдэхүүн	자연 친화적인 식품
орчин нөхцөл	환경 조건
санал нийлэх	의견이 일치하다
зэрэгцэн амьдрах	이웃하여 살다
байгальтай ойр амьдрах	자연 친화적으로 살다
алжаалаа тайлах	피로가 풀리다
салхинд гарах	산책하다
цагаан идээ	유제품
хоолны дэглэм барих	식이요법을 따르다
хоолоо хасаж сойх	음식을 줄이다, 소식하다
шим тэжээл	영양분
нууц	비밀
эрүүл хоол хүнс	건강한 식단
исгэх	발효시키다
даршлах	사일로에 저장하다
эергээр хандах	긍정적으로 대하다
уужуу тайван	평온한
ядаргаанд орох	피곤하다, 지치다

쓰기 연습

1. 아래의 내용을 번역해 보세요.

(1) 다음 내용을 한국어로 번역하세요.

Бидний амьдарч байгаа нийгэм маш стресстэй, ачаалалтай ажлуудаар дүүрэн байдаг билээ. Эрүүл биед саруул ухаан оршино ч гэж ярьдаг шүү дээ. Та бүхэн эрүүл энх, аж жаргалтай, урт удаан амьдрахын тулд ямар хэвшил юу хэрэгтэй гэж боддог вэ? Эрүүл хүнсийг хоолондоо хэрэглэх нь чухал боловч түүнээс илүү шингэн зүйл сайн уух хэрэгтэй. Ингэснээр бидний арьс өнгөжин залуужиж, илүү гэрэлтсэн, өнгөлөг толигор болдог. Мөн өглөөний цайгаа заавал ууж, хэрвээ үргэлж суугаа ажил хийж, өдөр тутамдаа машинаар явдаг бол дасгал хөдөлгөөн сайн хийж байх хэрэгтэй. Эцэст нь юу юунаас илүүтэйгээр, хамгийн багадаа 6-8 цаг унтаж сайн амарч аваарай.

(2) 다음 내용을 몽골어로 번역하세요.

건강을 잃으면 모든 것을 잃는다는 말이 있죠. 우리가 일상에서 무심코 하는 습관들이 우리의 건강을 좌우합니다. 때문에 조금만 신경을 쓴다면 건강 유지에 큰 도움이 됩니다. 건강하게 살기 위한 일상습관으로 평소에 많이 움직이기, 취미생활로 스트레스 해소하기, 충분한 수분 섭취, 그리고 8시간이상의 숙면 등을 들 수 있다.

2. 건강한 삶에 대하여 글을 써 보세요. 먼저 다음 내용을 읽어 보세요.

(1) Монголчууд эрүүл саруул амьдралын тухай ямар ойлголттой байдаг вэ?
Монголчууд “Эрүүл биед саруул ухаан оршино” гэж ярьдаг бөгөөд бие эрүүл бол сэтгэл санаа, ажил хөдөлмөр гээд бүх зүйл сайн сайхан болно гэж боддог. Ялангуяа, сүүлийн үеийн хүмүүс идэж ууж байгаа зүйлдээ ихээхэн анхаарч аль болох байгалийн гаралтай цэвэр бүтээгдэхүүн хэрэглэхийг зорьдог болсон байна.

(2) Монгол хүмүүсийн өдөр тутмын амьдрал аль хир стресстэй байдаг вэ?
Мэдээж хүн хүнээсээ, орчин нөхцөлөөсөө хамаарах байх. Гэхдээ орчин үеийн хүмүүсийн гол асуудал бол стресс гэдэгтэй санал нийлж байна. Асар хурдан өөрчлөгдөж байгаа дэлхийн хөгжилтэй зэрэгцэн амьдаръя гэвэл зав чөлөөгүй ажиллаж хөдөлмөрлөхөөс өөр аргагүй. Энэ нь эргээд хүмүүсийг стресст оруулдаг.

(3) Юу юунаас илүүтэй амралт чөлөөт цагаа стрессгүй, ая тухтай өнгөрүүлэх хэрэгтэй. Монгол хүмүүс яаж амралт, чөлөөт цагаа өнгөрөөдөг вэ?
Бусад орны хүмүүстэй харьцуулахад монголчууд байгальтайгаа их ойрхон амьдардаг. Хотоос дөнгөж гараад л байгалийн сайхан амралтанд очиж чадна. Тиймээс ихэнх хүмүүс амралтын өдрөөрөө уул хаданд гарч цэвэр агаарт алжаалаа тайлах юм уу, Тэрэлж зэрэг байгалийн үзэсгэлэнт газарт салхинд гардаг.

(4) Монголчууд мах, махан бүтээгдэхүүн их хэрэглэдэг. Энэ нь нэг талаар эрүүл мэндэд муу гэж бодож байна уу?
Тийм ээ. Ялангуяа, амьтны гаралтай өөх тос ихтэй хоол хүнс бага хэрэглэх шаардлагатай. Тиймээс монголчууд зуны цагт цагаан идээг голлон хэрэглэхийг хичээдэг. Гэхдээ хоол хүнсээ тохируулан хэрэглэхдээ цаг уур, орчин нөхцөлдөө тохируулан хэрэглэх нь юу юунаас зөв гэж бодож байна.

(5) 위에 메모한 내용을 바탕으로 취미생활에 대하여 글을 써 보세요

3. '한국인의 건강한 삶' 다음 질문에 대해 간단하게 메모해 보고 그 내용을 바탕으로 글을 작성해 보세요.

(1) Солонгосчууд эрүүл саруул амьдралын тухай ямар ойлголттой байдаг вэ?

(2) Солонгос хүмүүсийн өдөр тутмын амьдрал аль хир стресстэй байдаг вэ?

(3) Юу юунаас илүүтэй амралт чөлөөт цагаа стрессгүй, ая тухтай өнгөрүүлэх хэрэгтэй. Солонгос хүмүүс яаж амралт, чөлөөт цагаа өнгөрөөдөг вэ?

(4) Солонгосчууд будаа, ногоо зэрэг хүнсний бүтээгдэхүүн их хэрэглэдэг. Энэ нь нэг талаар эрүүл мэндэд сайн нөлөөтэй гэж бодож байна уу?

(5) Таны бодлоор эрүүл саруул амьдрахын тулд юу хийх хэрэгтэй гэж бодож байна вэ?

(6) 위에 메모한 내용을 바탕으로 글을 써 보세요.

말하기 연습

1.

- Туяа аа! Чи ерөөсөө хоолоо идсэнгүй. Юм идмээргүй байгаа юм уу? Бие чинь зүгээр үү?
- Бие зүгээр ээ. Би хоолны дэглэм барих гэж байгаа юм. Жаахан турах гээд.
- Хоолоо хасаж турна гэдэг ч сайн юм биш дээ. Тэрний оронд сайн хөдөлж, дасгал хөдөлгөөн хийж, гүйж харайвал сайн турах юм биш үү?
- Дасгал хөдөлгөөн гээд үзэж байгаа л даа. Гэхдээ би угаасаа биеийн тамирт муу болохоор сайн болж өгөхгүй байгаа юм.
- Миний сонссоноор ингэж хоолоо хасаж, сойж турах нь муу гэж сонссон юм байна. Ингээд юу ч идэхгүй бол биед хэрэгтэй шим тэжээлээ яаж авах болж байна. Аль болох өөртөө тохирсон дасгал хөдөлгөөн хийгээд хоол ундаа тохируулаад идэж уусан нь дээр байх. Тэгээд ч хүмүүсийн ярьж байгаагаар бага багаар ойр ойрхон идэх нь сайн гэж байна билээ. Ингээд огт идэхгүй өлсөөд байж болохгүй. Өөр арга бодсон нь дээр байх.

2.

- Солонгос хүмүүсийн урт насалдгийн нууц юу вэ?
- Миний бодлоор солонгосчууд их ажилсаг хүмүүс. Зүгээр сууж чаддаггүй. Байнга хөдөлж байдаг. Өглөөнөөс аваад орой хүртэл зогсолтгүй хөдөлж, ажиллаж хөдөлмөрлөж байдаг. Энэ хамгийн их нөлөөлдөг болов уу?
- Тэд эрүүл хоол хүнс хэрэглэдэг үү?
- Хоол хүнсний хувьд гэвэл гол төлөв будаа, хүнсний төрөл бүрийн ногоо хэрэглэдэг. Уламжлалт байдлаараа мах, махан төрлийн хоол хүнс бага хэрэглэж ирсэн. Гэхдээ сүүлийн үед төрөл бүрийн мах, хиам зэрэг бүтээгдэхүүнийг ихээр хэрэглэх болсныг хэлэх хэрэгтэй. Бас миний бодлоор, хоол хүнсэндээ төрөл бүрийн ногоог, олон төрлийн арга барилаар исгэж, даршилж иддэг нь эрүүл мэндэд сайнаар нөлөөлдөг болов уу? Жишээлбэл, кимчиг хэлж болно. Солонгос хүмүүс кимчигүй бол амьдарч чадахгүй улс.
- Тэгвэл солонгос хүмүүсийн урт насалдаг нууц нь хөдөлгөөн бас кимчи гэж ойлгож болох нь ээ?
- Юу юунаас илүүтэйгээр манай солонгосын ард түмэн аливаа зүйлд үргэлж эергээр хандахыг хичээдэг. Энэ нь сэтгэл санааг уужуу тайван байлгахад тустай төдийгүй стресст орохоос сэргийлдэг гэж боддог. Тиймээс аливаад үргэлж сайнаар, эергээр хандаж байвал урт удаан, аж жаргалтай амьдарч чадна гэж бодож байна.

단원 평가

1. 대화를 잘 듣고 대화 내용과 같으면 O, 다르면 X 하세요.

(1) **Эмэгтэй** Сүүлийн үед ажил ихтэй. Ядаргаанд орж байх шиг байна.

Эрэгтэй Дандаа ажил ажил гээд байлгүй амрах цагтаа сайн амарч бай л даа.

(2) **Эрэгтэй** Цэцэг ээ! Чи жаахан бие султай юмаа даа.

Эмэгтэй Харин тийм ээ. Бага байхаасаа л байнга өвддөг байсан юм. Гэхдээ одоо их сайн болсон.

(3) **Эрэгтэй** Өчигдөр сайн унтаж амарч чадаагүй юм уу? Их ядарсан харагдаж байна.

Эмэгтэй Сайн л унтсан юм сан. Ойрд хэчнээн сайн унтсан ч гэсэн ядраад байх юм.

(1) Энэ эмэгтэй дэндүү их ажиллаад ядарч байна. ( )

(2) Энэ эмэгтэй бага байхаасаа сайн биетэй байсан. ( )

(3) Энэ эмэгтэй унтаж амарч чадаагүй болохоор их ядарч байна. ( )

2. 대화를 잘 듣고 물음에 답하세요.

Эрэгтэй Цэцэг ээ! Бие чинь зүгээр үү? Царай чинь их цонхигор байх чинь.

Эмэгтэй Харин тийм ээ. Өдрийн хоол идсэний дараанаас эхлээд гэдэс базлаад байх юм.

Эрэгтэй Хоолоо тухтай идэхгүй, яарч сандраад хурдан идэхээр тэгж байгаа юм шүү дээ. Чамайг хараад байхад дандаа хоолоо хурдан идэх юм.

Эмэгтэй Хурдан идээд муу зан сурчихсан байна лээ. Тэгээд ч өнөөдөр хийх ажил ихтэй байсан болохоор яарч сандраад...

Эрэгтэй Хоолоо удаан, тайван идэх нь эрүүл мэндэд тустай гэдэг шүү дээ.

Эмэгтэй Би ч гэсэн мэднэ л дээ. Гэхдээ сайн болж өгөхгүй юм.

Эрэгтэй Гэхдээ л эрүүл мэндээ бодоод зөв хооллож сурах нь дээр байх. Бас хоол идсэнийхээ дараа шууд суулгүй бага зэрэг алхаж хөдөлгөөн хийх нь сайн.

Эмэгтэй Аан за, баярлалаа. Маргаашаас эхлээд оролдоод үзнэ ээ.

(1) 여자가 아픈 이유로 알맞은 것을 고르세요.

① Шөнө сайн унтаж амарч чадаагүй.

② Хоолоо идсэний дараа дасгал хөдөлгөөн хийгээгүй.

③ Хоолоо яаруу сандруу идсэн.

④ Дэндүү их хоол идсэн.

(2) 대화 내용과 같으면 O, 다르면 X 하세요.

① Энэ хоёр хүн хамт хоол идэж байна. ( )

② Энэ эмэгтэй дэндүү их хоол идсэнээс болоод гэдэс нь өвдсөн. ( )

③ Энэ эмэгтэй зөв хооллох дэглэм баримталдаггүй. ( )

④ Завгүй үедээ хоолоо хурдан идэх хэрэгтэй. ( )

11 Байгаль хамгаалал

주변 환경

학습목표

1. 환경 문제 관련 표현 익히기
2. 몽골어 조어법의 특징 알아보기
3. 몽골어의 문장 접속사 익히기

1. 최근의 환경 문제로는 무엇이 있습니까?
2. 몽골어의 복합어는 어떻게 만들어집니까?
3. 몽골어의 문장 접속사에는 무엇이 있습니까?

어휘 및 표현

агаар	대기, 공기
агаарын бохирдол	대기 오염
амьсгалах	호흡하다
байгалийн хий	천연가스
байгаль хамгаалал	자연 보호
байгаль хамгаалах хөдөлгөөн	자연 보호 운동
бүс нутаг	지역
говь цөл	고비 사막
давтамж нэмэгдэх	빈도 증가하다
дүрвэн орж ирэх	피난하다, 도피하다
зуд болох	재해를 입다
мал сүрэг хорогдох	가축이 감소하다
маск зүүх	마스크를 쓰다
мод тарих	나무를 심다
монголын өмнөд говь	몽골 남고비
нүүрс түлэх	석탄을 때다
өргөжих	확대되다
сайн дурынхан	자원봉사자
Солонгосын хойг	한반도
толгойны өвчин	두통
түүхий нүүрс	석탄 원료
утаа	연기, 매연
уур амьсгалын дүрвэгч	기후 피난민
үйл ажиллагаа	업무, 행사, 활동
фэйсбүк групп нээх	페이스북 그룹을 개설하다
хог хаягдал	폐기물, 쓰레기
хүрээлэн буй байгаль орчин	주변 환경
цөлжилт	사막화
чухал асуудал	중요한 문제
шар шороон шуурга	황사
шороон шуурга	먼지 바람, 흙바람
эрчимтэй явагдах	활발하게 추진되다, 활발하게 진행되다

본문

Байгаль хамгаалал

Дэлхий дахинаа байгаль хамгаалах асуудал хамгийн чухал асуудлуудын нэг болоод байна. Жил ирэх бүр хүний буруутай үйл ажиллагаа, хэт их үйлдвэржилтийн улмаас байгаль орчин улам бүр доройтсоор байна. Үүний хамгийн тод жишээ нь цаг агаарын өөрчлөлт, дэлхийн дулаарлын асуудал юм.
Монгол оронд ч байгаль хамгаалах асуудал хамгийн тулгамдсан асуудлын нэг болоод байна. Монгол орны ихэнх хэсэгт цөлжилт эрчимтэй явагдаж байна. Цөлжилтийн улмаас том хэмжээний шороон шуурга босож салхиар дамжин Хятад, Солонгосын хойг, Японы арлуудад хүрч байна. Энэхүү шороон шуургыг тэд “шар шороон шуурга” гэж нэрлэх болжээ. Үүнээс харахад байгаль хамгаалах асуудал нь зөвхөн нэг улсын асуудал биш юм. Бүс нутгийн, дэлхий дахины асуудал гэж үзэх нь зүйтэй.
Монгол улс цөлжилттэй тэмцэхийн тулд төрөл бүрийн арга хэмжээ авч явуулж ирэв. Түүний нэг нь “Мод тарих” хөдөлгөөн юм. Мод тарих хөдөлгөөнд Монгол улсын иргэд төдийгүй Солонгос улсын олон арван сайн дурынхан ч нэгдсэн байна. Тэд жил бүрийн хавар Монгол улсад ирж мод тарьж, ойжуулах хөдөлгөөнийг өрнүүлдэг.
Мод тарьснаар цөлжилт багасна. Цөлжилт багасвал шар шороон шуурга багасна.

대화 1

Туяа Болд оо! Чи энэ хагас бүтэн сайнд юу хийх вэ?

Болд Одоохондоо төлөвлөсөн зүйл алга байна. Яасан?

Туяа Манай байгаль хамгаалах “Ногоон төгөл” хөдөлгөөнийхөн энэ хагас сайнд Туул голын хог хаягдлыг түүхээр болсон юм. Чи хамт явах уу?

Болд Тэгье л дээ. Харин “Ногоон төгөл” хөдөлгөөнийхөн гэж байгууллага юм уу?

Туяа Үгүй. Сайн дурынхны хөдөлгөөн. Бид фэйсбүкт групп нээж сайн дураараа нэгдэн байгаль хамгаалах үйл ажиллагаа явуулдаг юм л даа.

Болд Аан, тийм үү? Тэгвэл би ч гэсэн тэр группт чинь нэгдье.

대화 2

Туяа Минсү! Өвөл монголд байхдаа байнга маск зүүх хэрэгтэй шүү.

Минсү Яагаад? Хүйтэн болохоор уу?

Туяа Үгүй дээ. Өвөл Улаанбаатарт агаар их муу, утаа ихтэй болдог учраас маск зүүх хэрэгтэй.

Минсү Яагаад өвөл тэгж утаа ихтэй болдог юм бэ?

Туяа Өвөл гэр хорооллын айлууд нүүрс их түлдэг учраас тэр. Хүйтэн болохоор түүхий нүүрс их түлдэг. Заримдаа бүр амьсгалахад ч хэцүү болдог гээч.

Минсү Хуучин манай Сөүл ч гэсэн агаарын бохирдол ихтэй байсан. Харин байгалийн хий хэрэглэж эхэлснээс хойш сайжирсан.

Туяа Манай улс ч гэсэн удахгүй сайхан болох байх аа.

대화 3

Минсү Улаанбаатар хотын эргэн тойронд гэр хороолол маш их байдаг юм байна.

Туяа Тийм ээ. Сүүлийн жилүүдэд улам бүр нэмэгдэж байна.

Минсү Яагаад хүмүүс Улаанбаатар луу ингэж ихээр ирээд байдаг юм бэ? Хөдөө орон нутагт амьдрах хэцүү байдаг гэж үү?

Туяа Чи "уур амьсгалын дүрвэгч" гэж сонссон уу? Эдгээр хүмүүсийн багагүй хэсэг нь уур амьсгалын өөрчлөлтөөс болж амьдрах аргагүй болоод хот руу орж ирсэн хүмүүс.

Минсү Уур амьсгалын дүрвэгч гэнэ ээ?

Туяа Тийм ээ. Сүүлийн жилүүдэд монгол оронд цаг уурын өөрчлөлт их нэмэгдэж байна. Ялангуяа зуд болох давтамж нэмэгдэж мал сүрэг ихээр хорогдож байна. Малгүй болсон малчид амьдрах аргагүй болж хөдөөнөөс нийслэл Улаанбаатар хот руу дүрвэн орж ирж байгаа юм.

문법설명

1. 몽골어 격어미 중첩

몽골어의 격의 곡용에 있어서 하나의 격조사에 다른 격조사가 연결되는 경우가 있다. 예를 들면 속격의 다음에는 공동격, 여·처격, 탈격, 조격이 올 수 있다. 속격조사에 탈격 조사를 연결할 때에는 그 사이에 -x를 삽입한다.

ахынхаас	ах – ын – (x) –аас
ахынхаар	ах – ын – (x) – аар

장모음이나 이중모음 또는 н으로 끝난 낱말에 조격, 탈격조사를 접속 할 때에는 г를 삽입시킨다.

морьгүйгээр = морь+үгүй+г+ээр

명사에 공동격조사 -тай, -тэй를 접속시켜 형용사를 만드는데 다음의 경우는 형용사에 탈격조사를 접속시켜 일반 소속을 나타내는 것이다.

настайгаасаа= нас+тай+г+аас+аа

2. 몽골어의 연어(phrace, хоршоо үг)

(1) 대등 연어

(1-1) 일반 대등 연어

хүсэл мөрөөдөл	энд тэнд	тав зургаа
хүч хөдөлмөр	өч төчнөөн	зовж шанал
ах дүү	ийш тийш	хорь гуч

(1-2) 중첩 대등 연어

ном зом	хэн мэн	долоо молоо
нохой мохой	ингэж мингэ	дээр мээр
хүн мүн	ийм мийм	тавь мавь
өндөр мөндөр	маргаж зарга	эрт мэрт
бага сага	явж мав	одоо модоо
жижиг сажиг	унтаж мунт	бүжиг мужиг

(2) 종속 연어

(2-1) 고정 연어

цагаан толгой	улаан бурхан
хөх дэглий	шар шувуу

(2-2) 유동 연어

үхрийн нүд	нөгөөдрийн маргааш
нохойн хошуу	зохион байгуул
шинжлэх ухаан	лавлах товчоо
дүрслэх урлаг	унадаг дугуй
хоёрны нэг	нисдэг тэрэг

3. 자주 쓰이는 문장 접속사 및 연결사

몽골어에서 문장과 문장, 어휘와 어휘를 연결할 수 있는 여러 접속사 및 연결사가 쓰이는데 그 중 일부를 살펴보면 다음과 같다.

бөгөөд	~며
Гэхдээ	그런데, 하지만, 그러나
Жишээлбэл	예를 들면, 예컨대
Ингэхдээ	이렇게
Мөн	그리고, 또한
Мэдээж	물론
Өөрөөр хэлбэл	달리 이야기하면, 즉
Тийм болохоор	따라서, 그렇기 때문에
Тийм учраас	따라서, 그렇기 때문에
Тухайлбал	예를 들면, 예컨대
Тэгээд	그래서
Учир нь	이유는
Харин	하지만, 그러나, 그렇지만
Эхлээд	먼저, 우선
Юу юунаас илүүтэйгээр	무엇보다도 먼저

듣기 연습

1. 다음 문장을 듣고 따라서 말하세요.

» Би ахын гэрээс ирлээ.
» Би ахынхаа гэрээс ирлээ.
» Би ахынхаас ирлээ.
» Би ахынхаасаа ирлээ.

» Би гэртээ ирэхдээ ахын гэрээр дайраад гарлаа.
» Би гэртээ ирэхдээ ахынхаа гэрээр дайраад гарлаа.
» Би гэртээ ирэхдээ ахынхаар дайраад гарлаа.
» Би гэртээ ирэхдээ ахынхаараа дайраад гарлаа.

2. 다음 문장을 듣고 따라서 말하세요.

» Би дулаан хувцас өмсөв.
» Би дулаан хувцастай.
» Би дулаан хувцастай учир би гараад ирье. Чи сууж бай!
» Би дулаан хувцастайгаараа гараад ирье. Чи дулаан хувцасгүйгээрээ гэртээ сууж бай!

» Та настай хүн учраас үг хэл.
» Та настайгаараа үг хэл.

» Настай хүнээс эхэлж үг хэлэг.
» Настай хүнээсээ эхэлж үг хэлэг.
» Настайгаасаа эхэлж үг хэлэг.

읽기 연습

1. 다음 문형을 읽어 보세요.

Би	ахынхыг	авсан. уншиж байна. сайн мэдэхгүй зааж өгөв. нүүлгэлцэв.

2. 다음 문형을 읽어 보세요.

Тэднийд би очиж үзээгүй.
Та ахындаа очих уу?
Би түүнд ахынхыг зааж өгсөн.
Би Болдынхыг эрээд эрээд олсонгүй.
Бид манайхаас хөдлөөд тэднийд очсон.
Би гэртээ ирэх замдаа Болдынхоор ороод гарлаа.
Энэ орой манайхаар ирээрэй.
Тэднийх манайхтай хөрш айл.
Бид Болдынхтой цуг хөдөө явахаар болов.
Би Болдынх руу очлоо.
Тэр морьтой хүн манайх руу чиглээд ирж явна.

추가 어휘

цөлжилтөд өртөх	사막화가 진행되다
магадлалтай байх	확률이 높다, 가능성이 높다
ган болох	가뭄 들다
ойн хэмжээ багасах	산림 면적이 감소되다
бэлчээрийн даац	초지의 방목 두수
зохисгүй ашиглах	불합리한 개발
үржил шимгүй болох	번식력이 떨어지다, 번식력이 쇠락하다
доройтох	약해지다, 떨어지다, 쇠락하다
тулгамдсан асуудал	직면한 문제
ноцтой асуудал	심각한 문제
хог хаягдал	폐기물, 쓰레기
цөлжилттэй тэмцэх	사막화에 맞서다
анхаарал хандуулах	관심을 끌다
сайжруулсан нүүрс	개선된 석탄
уриалах	호소하다
хөнгөлөлт олгох	경감해주다
тоосонцор	미세먼지
элсний нүүдэл	모레의 이동
мод тарих аян	나무 심기 켐페인
агаарын бохирдлыг бууруулах	대기 오염을 줄이다
цахилгаан автомашин	전기차
урамшуулал олгох	혜택을 주다
Байгалийн тусгай хамгаалалттай газар	그린벨트, 자연 보호 구역
ан амьтан үргээх	동물을 놀라게 하다
хориглох	금하다
хог хаягдал боловсруулах	폐기물 가공
дахин боловсруулах	재활용

쓰기 연습

1. 아래의 내용을 번역해 보세요.

(1) 다음 내용을 한국어로 번역하세요.

Хуурай, ус багатай газар цөлжилтөд өртөх өндөр магадлалтай байдаг. Гэвч ган болох, ойн хэмжээ багасах, бэлчээрийн даац хэтрүүлэх, газар тариаланг зохисгүй ашигласнаас болж хөрс ургамал ургуулах чадвараа алдан, үржил шимгүй болон доройтдог. Түүнчлэн сүүлийн жилүүдэд уур амьсгалын өөрчлөлтөөс болж ган болох нь ихэссэн бөгөөд үүнээс хамаарч илүү их газар нутаг цөлжилтөд өртөх эрсдэлтэй болжээ.

(2) 다음 내용을 몽골어로 번역하세요.

유목민들이 넝마주이로 전락한 이유는 몽골이 지구 전체에서도 손꼽힐 정도의 기후변화를 겪고 있기 때문이다. 특히 겨울철 기온이 오르고, 눈이 오지 않게 되면서 가축들이 떼로 죽어나가는 일이 빈발하게 된 것은 유목민들이 환경난민으로 전락하는 데 결정적인 요인이 됐다.

2. 주변 환경에 대하여 글을 써 보세요. 먼저 다음 내용을 읽어 보세요.

(1) Монголд байгаль орчны ямар асуудал хамгийн тулгамдсан асуудал болоод байна вэ?
Монголд байгаль орчны олон асуудал тулгамдаад байна. Монгол орны бүх нутаг дэвсгэрийг хамраад байгаа ноцтой асуудал бол цөлжилт. Харин нийслэл Улаанбаатар хотын хувьд агаарын бохирдол, хөрсний бохирдол, хог хаягдал гээд шийдвэрлэх асуудал их байна.

(2) Монгол улс цөлжилттэй хэрхэн тэмцэж байна вэ?
Монгол улс цөлжилттэй тэмцэх асуудал дээр ихээхэн анхаарал хандуулж байна. Цөлжилттэй тэмцэх хамгийн сайн арга бол мод тарих явдал юм. Мөн цөлжилт нь ганц орны асуудал биш хил дамнасан асуудал учраас бусад орны сайн дурынхан ч гэсэн ирж мод тарьж байна.

(3) Нийслэл Улаанбаатар хотын агаарын бохирдлыг бууруулах тал дээр ямар арга хэмжээ авч байна вэ?
Хамгийн нэгдүгээрт, Улаанбаатар хотод түүхий нүүрс түлэхийг хориглож, сайжруулсан нүүрс хэрэглэхийг уриалж байна. Ялангуяа, өвлийн цагт агаарын бохирдол ихтэй байдаг учраас гэр хорооллын бүсэд цахилгааны төлбөрийн хөнгөлөлт олгох зэрэг арга хэмжээ авч байна.

(4) Улаанбаатар хотын автомашиныг багасгах тал дээр ямар арга хэмжээ авч байна вэ?
Улаанбаатар хотод явж байгаа автомашины тоо хэт их байгаагийн зэрэгцээ хуучирсан автомашин дийлэнх хувийг нь эзэлж байна. Ялангуяа, нийтийн тээврийн автобуснаас ялгарч байгаа хорт утаа их байгаа тул цаашид газаар явдаг автобусыг түлхүү ашиглах төлөвлөгөөтэй байна.

(5) 위에 메모한 내용을 바탕으로 취미생활에 대하여 글을 써 보세요

3. '주변 환경' 관련 다음의 질문에 대해 간단하게 메모해 보고 그 내용을 바탕으로 글을 작성해 보세요.

(1) Солонгос улсад байгаль орчны ямар асуудал байдаг вэ?

(2) Солонгос улс байгаль орчны асуудлаа хэрхэн шийдвэрлэж байна вэ?

(3) Сөүл хотын агаарын бохирдлыг бууруулах тал дээр ямар арга хэмжээ авч байна вэ?

(4) Сөүл хотын автомашиныг багасгах тал дээр ямар арга хэмжээ авч байна вэ?

(5) Монгол солонгос хоёр орон байгаль орчны асуудал дээр хэрхэн хамтран ажиллах хэрэгтэй гэж бодож байна вэ?

(6) 위에 메모한 내용을 바탕으로 글을 써 보세요.

말하기 연습

1.

- Өнөөдөр гадуур тоосонцор ихтэй байна гэнэ. Маскаа сайн зүүгээрэй!
- Хавар болохоор солонгост их тоосонцортой байх юм.
- Тийм ээ. Монголын говь нутгаас дэгдсэн шороон шуурга манай солонгос хүртэл ирдэг гэнэ.
- Аан тийм бий. Манай монголд хавар их салхитай байдаг. Бас сүүлийн жилүүдэд элсний нүүдэл, цөлжилт гээд олон хүн ярих болсон. Цөлжилттэй тэмцэх хамгийн сайн арга бол мод тарих. Тиймээс ч сүүлийн жилүүдэд хүн бүр мод тарих аяныг өрнүүлж байгаа.

2.

- Сөүл хот ийм их машинтай мөртлөө агаарын бохирдол харьцангуй гайгүй байх юм. Энэ юутай холбоотой вэ?
- Урьд өмнө нь автомашинаас ялгарч байгаа хорт утааны ихэнх хувийг нийтийн тээврийн том автобус гаргадаг байсан. Тиймээс үүнийг шийдэхийн тулд нийтийн тээврийн автобус, таксинуудыг бүгдийг нь газаар явдаг болгосон юм. Ингэж чадсанаар агаарын бохирдлыг эрс бууруулж чадсан. Харин сүүлийн үед авч хэрэгжүүлж байгаа арга хэмжээний нэг бол хорт утаа ялгаруулдаггүй цахилгаан автомашинуудыг ихээр үйлдвэрлэж байна. Цахилгаан автомашин авч байгаа иргэдэд ч тодорхой хэмжээний урамшуулал олгодог болсон.

3.

- Маргааш бид Хөвсгөл нуур явна. Хөвсгөл нуурыг Байгалийн тусгай хамгаалалттай газар гэж дуулсан юм байна. Ийм дархан цаазтай газар явахдаа юуг анхаарах хэрэгтэй вэ?
- Монгол орны олон газар Байгалийн тусгай хамгаалалттай байдаг. Ийм хамгаалалтын бүс дотор явахдаа хог хаях, мод ургамал сүйтгэх, ил гал түлж болохгүй. Мөн ан амьтан үргээх болон агнахыг хориглодог.

단원 평가

1. 대화를 잘 듣고 대화 내용과 같으면 O, 다르면 X 하세요.

(1) **Эмэгтэй** Эрдэмтдийн тогтоосноор дэлхийн дулаарлын улмаас цөлжилт улам нэмэгдэж байгаа гэнэ.

Эрэгтэй Харин тийм ээ. Монголд цөлжилт бүр ч их хүчтэй явагдаж байгаа гэсэн.

(2) **Эмэгтэй** Монголд яагаад хогоо ангилан ялгаж хаядаггүй юм бэ?

Эрэгтэй Одоохондоо хаягдал боловсруулах үйлдвэр байхгүй болохоор тэр л дээ.

(3) **Эрэгтэй** Цэцэг ээ! Чи яагаад нэг удаагийн аяга хэрэглэдэггүй юм бэ?

Эмэгтэй Байгаль орчноо хамгаалъя гэвэл бага зүйлээс ч гэсэн эхлэх хэрэгтэй шүү дээ.

(1) Монгол оронд цөлжилт улам бүр нэмэгдэж байна. ( )

(2) Монголд хог хаягдал боловсруулах үйлдвэр байхгүй. ( )

(3) Энэ эмэгтэй нэг удаагийн аяга хэрэглэхээс татгалздаг. ( )

2. 대화를 잘 듣고 질문에 답하세요.

Олон жилийн турш Хятад улс нь дэлхийн дахин боловсруулах хог хаягдлын гол хүлээн авагч орон байсан юм. Гэвч тус улс энэ оны эхнээс хог хаягдал хүлээж авахаа зогсоожээ. Хятад улс хаягдал хог хүлээн авахаа зогсоосноор Европ, АНУ-ын компаниуд хаягдлыг хүлээж авах өөр улс орныг хайсан ч үр дүн муутай байгаа гэнэ. Хог хаягдлыг дахин боловсруулах ажиллагаа нь байгаль орчинд муугаар нөлөөлж байна гэдэг шалтгаанаар Бээжин уг хоригийг тавьсан юм. Хоригт 24 төрлийн хуванцар, цаасан, даавуун хог хаягдал багтжээ.

(1) 중국에서의 재활용 쓰레기에 대한 정책이 무엇입니까?

① Хятад улс хог хаягдлыг дахин боловсруулна.

② Хятад улс хог хаягдлыг дахин боловсруулахаа зогсооно.

③ Европ, АНУ-аас хог хаягдал хүлээн авна.

④ Хог хаягдал дахин боловсруулах өөр улс хайна.

(2) 들은 내용과 같으면 O, 다르면 X 하세요.

① Хятад улс хог хаягдал боловсруулагч хамгийн том улс байсан. ( )

② Европ, АНУ хог хаягдлаа өөр улс руу нийлүүлж байна. ( )

③ Хог хаягдал дахин боловсруулах нь байгаль орчинд муугаар нөлөөлдөг. ( )

MEMO

12 Аялал жуулчлал

관광 · 여행

학습목표

1. 여행 및 관광 관련 표현 익히기
2. 몽골어의 분사에 대해 알아보기
3. 몽골어의 첨사 익히기

1. 여행 관련 어휘 및 표현에는 무엇이 있습니까?
2. 몽골어의 첨사는 어떤 개념입니까?

어휘 및 표현

аялал жуулчлал	관광
онгон байгаль	원시 자연
гол нөөц	주요 자원
экологийн тэнцвэрт байдал	생태계 균형
алдагдуулах	소실되다
жуулчид хүлээн авах	관광객 유치
байгаль орчныг хамгаалах	환경 보호
дэд бүтцийг сайжруулах	인프라를 개선하다
хүний нөөцийг хөгжүүлэх	인적 자원을 개발하다
эдийн засаг	경제
хөгжил	발전
хувь нэмэр оруулах	기여하다
баримтлах	준수하다
бодлого	정책
жуулчдын хөлд дарагдах	관광객의 발길에 밟히다
гол бүс нутаг	주요 지역
байгалийн цогцолбор газар	그린벨트
даац хэтрэх	용량을 초과하다
экологийн байдал	생태계 현황
анхааралтай хандах	관심을 기울이다
шаардлага тулгарах	요청하다
салбар	분야
бодлого хэрэгжүүлэх	정책을 수행하다
сурталчилгаа	홍보
судалгааны ажил	연구 업무, 조사

본문

Аялал жуулчлал

Аялал жуулчлалын салбар нь цар хүрээгээрээ дэлхий дахинд авто машин үйлдвэрлэл, нефтийн үйлдвэрлэлийн дараа ордог томоохон салбарт тооцогддог. Тухайн улсад гадаадын нэг жуулчин ирэхэд хорин ажлын байр идэвхэждэг гэсэн судалгаа байдаг.
Монгол улс аялал жуулчлалын салбарыг хөгжүүлэх, жуулчдын тоог нэмэгдүүлэх, улирлын чанартай аялал жуулчлалын шинэ бүтээгдэхүүн гаргахад ихээхэн анхаарч байна. Монгол орны аялал жуучлалын гол нөөц нь онгон байгаль юм. Гэхдээ экологийн тэнцвэрт байдлыг алдагдуулахгүйгээр жуулчдыг хүлээн авах, улмаар байгаль орчныг хамгаалах, дэд бүтцийг сайжруулах, хүний нөөцийг хөгжүүлэх замаар улс орны эдийн засгийн хөгжилд хувь нэмэр оруулах нь төрөөс аялал жуулчлалын талаар баримталж байгаа гол бодлого болж байна.
Өнөөдөр манай орон жуулчдын хөлд төдийлөн дарагдаагүй ч аялал жуулчлалын гол бүс нутаг болох Горхи-Тэрэлж, Хөвсгөл нуурын байгалийн цогцолбор газрын даац хэтэрч нутгийн экологийн байдалд анхааралтай хандах шаардлага тулгарч байна. Мөн дөрвөн улирлын турш жуулчдыг хүлээн авах боломж бүхий шинэ боломжуудыг эрж хайсаар байна.

대화 1

Минсү Манай солонгосчууд монгол оронд аялалаар ирэх дуртай байдаг. Сүүлийн үед аяллын хөтөлбөрөөрөө алдартай ютүб сувгаар монголд аялсан тэмдэглэл, адал явдлуудынхаа талаар нэвтрүүлэг бэлдэн гаргасан нь оюутан залуучууд адал явдал хайж үүргэвчтэй аяллаар ирэх сонирхлыг улам бүр нэмэгдүүлсэн байна.

Туяа Тийм ээ. Би ч гэсэн тэр нэвтрүүлгийг үзсэн. Үнэхээр сонирхолтой болсон байна лээ. Ер нь солонгос залуучууд монгол орны юуг нь илүү ихээр сонирхдог вэ?

Минсү Залуучуудын хувьд хямд төсөр байдлаар үүргэвчтэй аялал хийх сонирхол их байдаг. Тэд эрч хүчтэй залуу насандаа янз бүрийн адал явдлаар дүүрэн аялал хийхийг их сонирхдог. Тухайлбал, солонгос оронд үзэж харах боломжгүй эзгүй хээр талаар хуучны орос машинд суугаад давхихыг, хээр талд майхан бариад шөнийн оддыг харахыг тэд их хүсдэг. Мөн нүүдэлчин айлаар зочилж тэдний амьдралтай танилцах дуртай байдаг.

대화 2

Туяа Минсү! Чи монголоор их аялсан уу?

Минсү Үгүй ээ. Санасныг бодвол олон газраар явж амжаагүй. Гэхдээ говь, Хархорин, Тэрхийн цагаан нуур, Хөвсгөлөөр аялах боломж гарсан.

Туяа Монголоор аялахад юу их таалагдсан бэ? Бас ямар зүйл хэцүү байв?

Минсү Хамгийн их таалагдсан зүйл гэвэл хөдөө нутаг, бас тэнгэрийн од. Улаанбаатар хотод бусад оронд байдаг л байшин барилга, машин техник дүүрэн орчин үеийн хот. Харин монголын хөдөө, онгон байгаль бол хаа ч байхгүй өвөрмөц үнэхээр сайхан байгальтай. Би тэнгэрт тийм олон од байдаг гэж зүүдлээ ч үгүй явсан. Миний харсан тэр тэнгэрийн од, тэнгэрийн заадсыг би хэзээ ч мартахгүй байх.

Харин хөдөө явахад хамгийн хэцүү зүйл бол нойл байсан. Ялангуяа, замын гуанзны нойлууд үнэхээр хэцүү санагдсан. Бусад зүйлээр бол зүгээр ээ. Би монгол орноор аялах дуртай.

문법설명

1. 접미사 -х, -хан⁴

명사나 대명사의 속격형에 -х라는 접미사를 접속하여 그 단어가 어떠한 사물에 관계되거나 소속됨을 나타낸다.

Энэ бол чинийх.	이 책은 너의 것이다.
Энэ ном бол таных.	이 책은 당신의 것이다.
Тэр ном Доржийнх.	저 책은 도르지의 것이다.

명사나 대명사의 속격형에 -хан⁴라는 접미사를 접속하여 어떤 장소, 기관에 소속된 구성원 전체를 나타낸다.

сайн дурынхан	봉사단
хотынхон	도시 사람들
манайхан	우리네 가족
танайхан	당시네 가족

2. 첨사 ч

첨사 ч는 일반적으로 여러 가지 사태를 나열하거나 어떤 대상이나 사태에 더함을 나타나지만 경우에 따라 다음과 같은 여러 가지 의미를 나타낸다.

(1) 어떤 대상이나 사태에 포함하거나 더함을 나타낸다.

Зар мэдээг интернэтээс ч үзэж болно.
Манай найз нар бүгд хөдөө явчихсан. Би ч бас явмаар байна.
Тэр өөрийнхөө хоолыг идчихээд минийхийг ч бас идчихсэн.

(2) 기대에 못 미치나 받아들임을 나타낸다.

Ундаа байхгүй бол ус ч яахав.
Ирж чадахгүй бол утсаар ч болтугай яриарай.

(3) 정도를 나타내는 말에 붙어 그 정도가 기대한 것보다 많거나 적음을 나타낸다.

Энэ шалгалтад ганц ч хүн тэнцсэнгүй.
Сургууль хүртэл нэг километр ч хүрэхгүй.
Энэ мөнгөөр бол гурван ч ном авч хүрнэ.

(4) 일부 관형사나 부사어에 붙어 강조의 뜻을 나타낸다.

Өнөөдөр их ч ажил амжууллаа.
Нэг жил хурдан ч өнгөрөх юм даа.
Санасныг бодвол тэр хурдан ч ирлээ.

(5) 놀라움, 감탄, 실망 등의 감정을 강조할 때 쓴다.

Манай ажил мөн ч сайхан бүтлээ шүү.
Мэргэжилтэн ч гэж дээ, чааваас.
Чи ч мөн таарч дээ.

(6) 주로 'хэн, юу, хэзээ, хаана, аль' 등의 의문대명사에 붙어 어떤 경우라도 마찬가지임을 나타낸다. 이 경우 흔히 부정의 뜻을 가진 서술어와 호응한다.

Одоохондоо хэн ч ирээгүй байна.
Түүнд юу ч битгий хэлээрэй.
Тэр хаана ч алга байна.

듣기 연습

1. 다음 문장을 듣고 따라서 말하세요.

» Энэ манай ах.
» Энэ манай ахынх.

» Би ахын гэрт очив.
» Би ахынхаа гэрт очив.
» Би ахынд очив.
» Би ахындаа очив.

2. 다음 문장을 듣고 따라서 말하세요.

» Үүнийг хэн ч ойлгоно.
» Юу ч хийж болно.
» Энэ ном надад ч байна.

» Энэ ном ч сайн.

» Үүнийг хэн ч ойлгохгүй.
» Юу ч хийж болохгүй.
» Энэ ном надад ч байхгүй.
» Нэг ч хүн ирээгүй байна.
» Ганц ч хүн ирээгүй байна.
» Энэ ном ч сайн биш.

3. 다음 문장을 듣고 따라서 말하세요.

» Болд ирлээ. Туяа ирлээ.
» Болд ирлээ. Туяа ч ирлээ.
» Болд ч ирлээ. Туяа ч ирлээ.

» Би ч явъя. Чи ч яв!
» Би ч таныг танина. Та ч намайг танина шүү дээ.

» Одоо нойр ч үгүй, хоол ч үгүй ажиллаж байна.
» Эцэс сүүлд нь мөнгө ч байхгүй, бараа ч байхгүй хоцров.

읽기 연습

1. 다음 문형을 읽어 보세요.

Манайх нүүсэн.
Манай найзынх энэ байранд байдаг.
Танайх хаана байдаг вэ?
Манайхаар ороод гараарай.

2. 다음 문형을 읽어 보세요.

Манайхан	маргааш хичээл хийхгүй гэсэн.
Танайхан	сайн биз дээ?
Гадаадынхан	төрөл бүрийн халуун ногоо иддэг юм байна.
Хөдөөнийхөн	хоол хүнсээ өөрсдөө бэлддэг.
Манай ангийнхан	маргааш орой хуралтай.
Тэдний өрөөнийхөн	их хөгжилтэй хүмүүс байна.

Өнгөрсөн өвлийн хувьд нийслэлийнхний хувьд хатуухан өвөл болсон.
Говийнхонд гантай жил хэцүү байдаг.
Та манай ангийнхныг таних уу?
Болдынхоос гурван хүн иржээ.
Энэ асуултыг манай ангийнхнаар бодуулъя.
Танайхан манайхантай уралдах уу?
Тэр манай гэрийнхэн рүү гайхан харсан.

3. 다음 문형을 읽어 보세요.

Би	ч ч бас ч гэсэн бас хүртэл	явъя.

Би	ирсэн ч ирсэн ч гэсэн ирсэн болович	байдал өөрчлөгдсөнгүй.

4. 다음 문형을 읽어 보세요.

Сөүл хот Өнгөрсөн жил Тэр	мөн тун даан	ч	сайхан хот юм. хүйтэн байсан шүү. муухай хэрэг хийжээ

추가 어휘

хувь нэмэр	기여, 공헌
ажлын байр бий болгох	일자리 창출
уламжлалт нүүдэлчдийн түүх соёл	전통 유목민의 역사 문화
соёлын өв	문화 유산
дуусашгүй	마르지 않는
өөрчлөгдөшгүй	변하지 않는
нөөц баялаг	자원
аялал жуулчлалын бараа бүтээгдэхүүн	관광 상품
соёлоо сурталчлах	문화를 홍보하다
туршлагаас суралцах	경험을 공유하다
хямд өртөг зардал	지출 원가가 저렴한
Зүүн өмнөд Ази	동남아시아
хааны ордон музей	칸 궁전 박물관
ордны хоол	궁중 음식
зах зээлийн гудамж	시장 골목
задгай гуанз	노점상
худалдааны гудамж	상가 골목
худалдааны боомт хот	상업 중심도시
Дэлхийн соёлын өв	세계 문화유산
байгаль орчны өөрчлөлт	환경 변화
загасчлах	낚시

쓰기 연습

1. 아래의 내용을 번역해 보세요.

(1) 다음 내용을 한국어로 번역하세요.

Манай улсын хувьд аялал жуулчлалын салбар нь эдийн засагт оруулах хувь нэмрээрээ уул уурхай болон хөдөө аж ахуйн салбарын араас гуравт ордог чухал том салбар юм. Тиймээс ч Монголын аялал жуулчлалын салбар нь 60 мянга гаруй ажлын байрыг бий болгодог байна.

(2) 다음 내용을 몽골어로 번역하세요.

몽골의 관광자원 깨끗한 청정 자연과 관련된 관광자원이다. 몽골의 별칭은 '푸른 하늘의 나라'(Land of blue sky)이다. 그만큼 때 묻지 않은 청정자연을 강조하는 슬로건으로 해석된다. 그 외에도 몽골제국의 역사를 바탕으로 한 역사 문화 유적, 아시아 유목사회의 원형을 보존하고 있는 유목민과 관련된 유무형 문화 등 많은 관광자원을 보유하고 있다.

2. 관광에 대하여 글을 써 보세요. 먼저 다음 내용을 읽어 보세요.

(1) Монголын аялал жуулчлалын салбарын давуу тал вэ?
Мэдээж монгол орны аялал жуулчлалын гол нөөц бол эвдрээгүй онгон байгаль, уламжлалт нүүдэлчдийн түүх соёл, соёлын өв гэж хэлж болно. Гэхдээ энэ бол дуусашгүй, өөрчлөгдөшгүй нөөц гэж болохгүй. Тийм болохоор энэхүү үнэт баялгаа хайрлан хамгаалах хэрэгтэй.

(2) Монголын аялал жуулчлалын салбарын сул тал вэ?
Монголын аяллын жуулчлалын хамгийн тулгамдсан асуудал бол дэд бүтэц. Аялал жуулчлалын дэд бүтэц маш сул хөгжсөн. Тиймээс ч монгол оронд аялж жуулчлахад төлбөр их гардаг. Тиймээс энэ талаа хөгжүүлж чадвал аялал жуулчлалын бараа бүтээгдэхүүний үнэ хямдарч, тэр хэрээрээ илүү олон жуулчид монгол орныг сонирхохоор ирэх боломжтой.

(3) Өөрийнхөө орныг гадаадад хэрхэн сурталчилж болох вэ?
Өөрийн орны түүх соёл, аялал жуулчлалын үнэт зүйлийг харуулсан контент бүтээх нь хамгийн чухал. Эдгээр контентуудыг бүтээхдээ шууд биш дам байдлаар өөрийн орны соёлоо сурталчлах хэлбэрээр ч хийж болно. Энэ тал дээр Өмнөд солонгос зэрэг орны туршлагаас суралцах хэрэгтэй.

(4) Аялал жуулчлалыг хөгжүүлснээр улс орны эдийн засагт ямар нөлөө үзүүлэх вэ?
Судалгаанаас харахад гадаадын нэг жуулчин ирэхэд хорь гаруй ажлын байр идэвхэждэг гэсэн тооцоо байна. Тэр ч утгаараа энэ салбар нь улс орны эдийн засагт ихээхэн хувь нэмэр оруулдаг гэж харж байна.

(5) 위에 메모한 내용을 바탕으로 취미생활에 대하여 글을 써 보세요

3. '관광' 다음 질문에 대해 간단하게 메모해 보고 그 내용을 바탕으로 글을 작성해 보세요.

(1) Солонгос орны аялал жуулчлалын салбарын давуу тал вэ?

(2) Солонгос орны аялал жуулчлалын салбарын сул тал вэ?

(3) Солонгос улс өөрийнхөө улс орныг гадаадад хэрхэн сурталчилж байна вэ?

(4) Солонгос улсад аялал жуулчлалын салбар хэр зэрэг байр суурь эзэлдэг вэ?

(5) 위에 메모한 내용을 바탕으로 글을 써 보세요.

말하기 연습

1.

- Солонгосын оюутан залуус аялалд явах дуртай юу?
- Дуртай байлгүй яахав. Тэд оюутан байхдаа хүсэж мөрөөддөг зүйлийн нэг нь үүргэвчтэй аялал.
- Танай оюутан залуус гол төлөв хаашаа аяллаар явдаг вэ?
- Мэдээж хөрш зэргэлдээ Хятад, Япон улсуудаар аялдаг. Мөн харьцангуй хямд өртөг зардалтай Зүүн өмнөд Азийн орнуудаар их аялдаг. Сүүлийн үед монголд ирэх ч бас дуртай болсон шүү. Тэдэнд монгол орон их танил болсон. Монгол орноор аялаад буцсан хүмүүс өөрийн блог, инстграмдаа монголоор хэрхэн аялсан тухайгаа их бичдэг. Түүнийг нь хараад сүүлийн үед олон олон залуус монгол оронд аяллаар ирэх хүсэлтэй болсон.

2.

- Солонгос улсад аяллаар очвол юу үзэж харж болох вэ?
- Солонгос улсад аяллаар очвол үзэж харах зүйлс үнэхээр их бий. Мэдээж хэдхэн хоногийн дотор үзэж барахгүй байх л даа. Гэхдээ эхлээд Сөүл хотод буувал хотын төвд байдаг хааны ордон музей, гар урлал эртний зүйл худалдаалдаг Инса-дун гудамж, уламжлалт хан-уг тосгон, Намсан цамхаг гээд үзэж харах зүйл их бий.
  Аяллаар явж байхад юу юунаас чухал зүйл бол амттай хоол шүү дээ. Солонгос хоол амт чанараараа дэлхийд алдартай гэдгийг сайн мэдэх байх. Элбэг дэлбэг ордны хоолноос авхуулаад зах зээлийн гудамжинд зардаг задгай гуанз гээд амталж үзэх хоол унд үнэхээр их бий.
  Нутаг буцахдаа аав ээж, найз нөхдөдөө бэлэг авахаар бол Мёндун худалдааны гудамж, Намдэмүн зах, Дундэмүн түүх соёлын цогцолбороор орж болно.
  Харин Зүүн тэнгисийг үзэж сонирхъё гэвэл Ганнөн, Сугчу, Гадаад худалдааны боомт хотоор зочлоё гэвэл Бусан, Дэлхийн соёлын өвд бүртгэгдсэн үзэсгэлэнт байгалийг очиж сонирхъё гэвэл Жэжү-ду аралд очиж үзээрэй.

단원 평가

1. 디음을 읽고 글의 주제로 알맞은 것을 고르세요.

Сүүлийн үед ганцаараа амьдардаг хүмүүст чиглэсэн үйлчилгээ их болж байна. Дэлгүүрүүд зарж байгаа хүнсний бүтээгдэхүүнээ (ⓐ) савлаж зардаг болжээ. Хоолны газрууд ч гэсэн ганцаараа ирж үйлчлүүлдэг хүмүүст зориулж жижиг ширээ тавих болсон байна. Мөн орон сууцны хувьд ч гэсэн талбай багатай, жижиг орон сууц илүү эрэлттэй болжээ.

① Анхаарал төвлөрөлт сайтай хүн ажиглах чадвар өндөр байдаг.

② Эргэн тойрныхоо эд зүйлийг сайтар ажиглаж харж байх хэрэгтэй.

③ Гэрэл зураг авснаас ажиглан харах нь илүү үр дүнтэй.

④ Санах ой муутай бол гэрэл зургийг нь аваад үлдээх хэрэгтэй.

2. 디음을 읽고 글의 주제로 알맞은 것을 고르세요.

Урьд өмнө нь Туул голын усанд төвөггүй олж харж чаддаг байсан загас жараахай сүүлийн үед үзэгдэхээ больжээ. Ийнхүү загас жараахай ховордсон нь зөвхөн хүмүүс олноороо загасчилж байгаатай холбоотой биш юм. Загас жараахайн амьдрах орчныг устган үгүй хийж байгаа хүмүүсээс болж байна. Загас жараахайн амьдрах орчин болсон голын эргээр байшин барьж, хайргыг нь олборлон, бас бохир усаа цутгаж байна. Энэхүү байгаль орчны өөрчлөлт нь зөвхөн загас жараахайнд ч бус удахгүй бидэнд аюул занал учруулах болно.

① Байгаль орчны өөрчлөлт нь эргээд биднээс хариугаа авах болно.

② Загас жараахайг дахин үржүүлж тоо толгойг нэмэгдүүлэх хэрэгтэй.

③ Туул голд загасчлах явдлыг таслан зогсоох хэрэгтэй.

④ Туул голын ус цэнгэг байж эрэг дээр нь байшин барих нь зүйтэй.

MEMO

부록

어휘 목록

단어	뜻	비고
авах	받다, 사다, 가지다	A2 - 1과
авхуулах	가지게 하다	A2 - 1과
авьяасаа хөгжүүлэх	재능 계발	A2 - 2과
агаар	대기, 공기	A2 - 11과
агаарын бохирдлыг бууруулах	대기 오염을 줄이다	A2 - 11과
агаарын бохирдол	대기 오염	A2 - 11과
адал явдал	모험	A2 - 1과
ажиглах	살펴보다, 관찰하다	A2 - 3과
ажил амралтаа зохицуулах	일과 휴식을 조절하다	A2 - 10과
ажилсаг	근면한	A2 - 3과
ажлаа зохицуулах	조절하다, 조율하다	A2 - 5과
ажлын ачаалал	업무 부담	A2 - 7과
ажлын байр	일자리	A2 - 6과
ажлын байр бий болгох	일자리 창출	A2 - 12과
ажлын бүтээмж	업무 성과	A2 - 6과
аз жаргал	행복	A2 - 10과
азаа үзэх	운을 시험하다	A2 - 5과
азаа үзэх дуртай	운을 시험하는 것을 좋아하다	A2 - 3과
айлгах	겁을 주다	A2 - 1과
айх	겁이 나다	A2 - 1과
алгасалгүй үзэх	꼼꼼하게 보다	A2 - 8과
алдагдуулах	소실되다	A2 - 12과
алжаалаа тайлах	피로가 풀리다	A2 - 10과
аль болох	가능하면	A2 - 10과
аль ч үгүй хоцрох	뒤쳐지다, 늦다	A2 - 5과
амаргүй	쉽지 않다	A2 - 7과
амархан сэтгэлээр унадаг	쉽게 낙심하다, 쉽게 좌절하다	A2 - 3과
амархан шантардаг	쉽게 용기를 잃다, 쉽게 낙심하다	A2 - 3과

단어	뜻	비고
амжилт бүтээл	성과	A2 - 5과
амжилт гаргах	성과를 내다	A2 - 6과
амжилтанд хүрэх	성공하다, 성공에 이르다	A2 - 3과
амиа бодох	이기적인 생각을 하다	A2 - 6과
амтлагч	양념, 조미료	A2 - 7과
амьдрал ахуй	생활	A2 - 9과
амьдралын зөв хэвшил	삶의 바른 습관	A2 - 10과
амьдралын салшгүй хэсэг	삶의 필수 요소	A2 - 9과
амьдралын хэвшлээ өөрчлөх	삶의 습관을 바꾸다	A2 - 6과
амьдралын хэрэгцээ	삶의 욕구	A2 - 6과
амьдралын чанар	생활력	A2 - 6과
амьсгалах	호흡하다	A2 - 11과
ан амьтан үргээх	동물을 놀라게 하다	A2 - 11과
анхаарал сарних	주의가 산만하다	A2 - 5과
анхаарал төвлөрөх	집중하다	A2 - 5과
анхаарал хандуулах	관심을 갖다, 주의를 기울이다	A2 - 4과
анхааралтай хандах	관심을 기울이다	A2 - 12과
анхаарлаа төвлөрүүлэх	주의를 집중시키다	A2 - 6과
анхаарлыг татах	관심을 끌다	A2 - 8과
аппликейшн	애플리케이션	A2 - 1과
арга барил	방식, 방법	A2 - 1과
арга хэмжээ	행사	A2 - 5과
арга хэмжээ зохион байгуулах	행사를 기획하다	A2 - 8과
ард үлдэх	뒤에 남다	A2 - 5과
арьс арчилгаа	피부 관리	A2 - 4과
арьс залуужих	피부가 젊어지다	A2 - 10과
арьсан эдлэл	가죽 제품	A2 - 2과
асууж шалгаах	문의하다, 확인하다	A2 - 5과
ахиулах	나아가게 하다	A2 - 1과

단어	뜻	비고
ахих	나아가다	A2 - 1과
ач холбогдол	중요성, 의의	A2 - 6과
ачаалал өгөх	부담을 주다	A2 - 7과
ачаалалтай	부담을 갖다	A2 - 10과
ая тухтай байдал	평온한 상태	A2 - 9과
аягүй бол	어쩜	A2 - 8과
аялал жуулчлал	관광	A2 - 12과
аялал жуулчлалын бараа бүтээгдэхүүн	관광 상품	A2 - 12과
аян замын тэмдэглэл	여행기	A2 - 1과
баг хамт олноороо ажиллах	그룹으로 함께 일하다	A2 - 5과
багасгах	감소하다	A2 - 9과
баглаа боодол	포장	A2 - 8과
багц цаг, кредит	시수, 학점	A2 - 5과
байгалийн гаралтай цэвэр бүтээгдэхүүн	자연 친화적인 식품	A2 - 10과
Байгалийн тусгай хамгаалалттай газар	그린벨트, 자연 보호 구역	A2 - 11과
байгалийн хий	천연가스	A2 - 11과
байгалын цогцолбор газар	그린벨트	A2 - 12과
байгаль орчны өөрчлөлт	환경 변화	A2 - 12과
байгаль орчныг хамгаалах	환경 보호	A2 - 12과
байгаль хамгаалал	자연 보호	A2 - 11과
байгаль хамгаалах хөдөлгөөн	자연 보호 운동	A2 - 11과
байгальтай ойр амьдрах	자연 친화적으로 살다	A2 - 10과
байлдан дагуулах	정복하다, 점령하다	A2 - 8과
байр суурийг нь сонсох	입장을 듣다	A2 - 3과
байр суурь эзлэх	지위를 갖다	A2 - 4과
бараа бүтээгдэхүүн	생산품	A2 - 4과
баримтлах	따르다, 준수하다	A2 - 6과
бахархах	자랑하다	A2 - 8과
баялаг түүх	풍부한 역사	A2 - 8과

단어	뜻	비고
баяр баясгалантай	기쁘게, 즐겁게, 희락이 넘치는	A2 - 3과
бие дааж сурах	독학하다	A2 - 5과
бие даасан	독립된	A2 - 5과
бие махбоди	신체	A2 - 2과
биеийн жингээ хасах	몸무게를 줄이다	A2 - 4과
биелэх	성취하다, 실현하다	A2 - 6과
биеэ авч явах байдал	몸가짐, 자세	A2 - 8과
бичих	쓰다	A2 - 1과
бичих чадвар	작문 실력, 글쓰기 능력	A2 - 1과
бичүүлэх	쓰게 하다	A2 - 1과
бодлого	정책	A2 - 12과
бодлого хэрэгжүүлэх	정책을 수행하다	A2 - 12과
боловсрол	교육	A2 - 5과
боломж олгох	기회를 주다	A2 - 4과
боломж олдох	기회를 얻다	A2 - 4과
бор царайтай	갈색 피부	A2 - 4과
буруу хандлага	그릇된 경향, 그릇된 태도	A2 - 9과
бусдыг уриалан зохион байгуулах чадвартай	타인을 기쁘게(즐겁게) 하는 능력	A2 - 3과
буух	짐을 풀다	A2 - 1과
бүрдүүлэх	등록하다	A2 - 5과
бүрэг ичимхий	내성적인	A2 - 3과
бүс нутаг	지역	A2 - 11과
бүтэц	구조	A2 - 4과
бүтээлч	창조적인, 능률적인	A2 - 5과
бүхэл үрийн гурил	통밀가루	A2 - 7과
бэлчээрийн даац	초지 방목 두수	A2 - 11과
гадаадад сурталтчилах	해외에 홍보하다	A2 - 8과
газар тариалан эрхлэх	농사를 짓다	A2 - 7과
галт уул	화산	A2 - 1과

단어	뜻	비고
ган болох	가뭄 들다	A2 - 11과
гарах	나가다	A2 - 1과
гаргах	내 보내다	A2 - 1과
говь цөл	고비 사막	A2 - 11과
гоёл чимэглэл	장식, 치장	A2 - 8과
гол бүс нутаг	주요 지역	A2 - 12과
гол нөөц	주요 자원	A2 - 12과
гол шалгуур	주요 기준	A2 - 4과
гомдомтгой	잘 삐지는, 불평불만이 많은	A2 - 3과
гоо сайхны бараа	화장품	A2 - 4과
гоо сайхны мэдрэмжтэй	미적 감각이 있는	A2 - 4과
гоо сайхны мэс засал	성형외과	A2 - 4과
гүйцэтгэлийн чанар	수 행 능력	A2 - 6과
гэр бүлийн бүтэц	가족 구조	A2 - 4과
даан ч	전혀, 아무리	A2 - 2과
даац хэтрэх	용량을 초과하다	A2 - 12과
давтамж нэмэгдэх	빈도 증가하다	A2 - 11과
давуу байдал	장점	A2 - 9과
давуу боломж	우월성	A2 - 9과
даган дууриах	따라하다, 흉내내다	A2 - 4과
дадал зуршил	습관	A2 - 7과
дадал хэвшил	관행	A2 - 7과
дадалд суралцах	습관을 들이다	A2 - 7과
дамжаа	학원	A2 - 2과
дархлаа муудах	면역력이 떨어지다	A2 - 10과
даршилах	사일로에 저장하다	A2 - 10과
дасах	적응하다	A2 - 5과
дасгал хөдөлгөөн хийх	운동을 하다	A2 - 10과
дахин боловсруулах	재활용	A2 - 11과

단어	뜻	비고
донтох	중독되다	A2 - 9과
доройтох	약해지다, 떨어지다, 쇠락하다	A2 - 11과
дотносох	친해지다	A2 - 2과
дотны хүмүүс	친근한 사람, 가까운 사람, 절친	A2 - 3과
дотоод сэтгэл	속 마음	A2 - 1과
дугуйлан	동아리	A2 - 2과
дунд ахлах сургуулийн сурагчид	중고등학생들	A2 - 4과
дурлан идэх	식탐하다	A2 - 7과
дурсамж	추억	A2 - 1과
дуу цөөтэй	말이 없는, 과묵한	A2 - 3과
дуулгавартай хүлцэнгүй	순종적인, 인내심이 많은	A2 - 3과
дуурайх	따라하다, 흉내내다	A2 - 4과
дуусашгүй	마르지 않는	A2 - 12과
дүгнэлт	평가	A2 - 1과
дүгнэх	평가하다	A2 - 4과
дүрвэн орж ирэх	피난하다, 도피하다	A2 - 11과
дүрс бичлэг	동영상	A2 - 1과
дэд бүтцийг сайжруулах	인프라를 개선하다	A2 - 12과
дэлхий дахинаа таниулах	전 세계에 알리다	A2 - 8과
Дэлхийн соёлын өв	세계 문화유산	A2 - 12과
дэс дараа	절차	A2 - 1과
жаргалтай харагдах	행복해 보이다	A2 - 3과
жигнэх	찌다	A2 - 7과
жингээ барих	채중 관리	A2 - 7과
жуулчдын хөлд дарагдах	관광객의 발길에 밟히다	A2 - 12과
жуулчид хүлээн авах	관광객 유치	A2 - 12과
жуулчны бааз	관광캠프	A2 - 1과
заалгах	배우다	A2 - 1과
заалгуулах	가르치게 하다	A2 - 1과

단어	뜻	비고
заах	가르치다	A2 - 1과
зав цагаа зарцуулах	시간을 내다, 짬을 내다	A2 - 6과
зав цагаа үрэх	시간을 허비하다, 시간을 낭비하다	A2 - 8과
загас барих	낚시를 하다	A2 - 1과
загасчилах	낚시	A2 - 12과
загварын шоу	패션쇼	A2 - 8과
задгай гуанз	노점상	A2 - 12과
задрал хурдан нүүрс ус	분해가 빠른 탄수화물	A2 - 7과
зайлсхийх	피하다	A2 - 7과
зайлсхийх	피하다, 회피하다	A2 - 7과
зайлшгүй хэрэгцээтэй	필수적인, 반드시 필요한	A2 - 9과
зайн сургалт	원격 교육	A2 - 9과
зан зангаа авалцах	서로 간의 성격을 알게 되다	A2 - 3과
зан чанар	인성, 성격, 기질	A2 - 3과
заналхийлэх	협박하다, 위협하다	A2 - 9과
зарчим	원칙	A2 - 6과
зарчим баримтлах	원칙을 지키다, 원칙을 준수하다	A2 - 6과
зах зээлийн гудамж	시장 골목	A2 - 12과
зорилго	목적	A2 - 5과
зохимж муутай	궁합이 잘 맞는	A2 - 7과
зохион байгуулах	구성하다, 조직하다	A2 - 5과
зохисгүй ашиглах	불합리한 개발	A2 - 11과
зохистой	타당한, 적합한	A2 - 6과
зохистой харьцаа	적합한 관계	A2 - 6과
зохистой хэрэглээ	합리적인 사용	A2 - 9과
зохицуулах	조정하다, 조절하다	A2 - 6과
зөв танин мэдэх	올바르게 인식하다	A2 - 7과
зөв хооллолт	바른 식습관	A2 - 7과
зөв хооллох	올바른 식습관을 갖다	A2 - 7과

단어	뜻	비고
зөв хэвшил	올바른 습관	A2 - 6과
зөвлөмж	충고, 조언	A2 - 7과
зөвлөх	조언하다	A2 - 10과
зөнд нь хаях	내버려두다, 마음대로 하게 두다	A2 - 5과
зөрүүд	고집 센	A2 - 3과
зугаалах	산책하다	A2 - 1과
зуд болох	재해를 입다	A2 - 11과
зурах	그리다	A2 - 1과
зуруулсан	그리게 하다	A2 - 1과
зүйр цэцэн үг	속담	A2 - 3과
зүрх судасны өвчин	심혈관 질환	A2 - 7과
зүрх сэтгэлээ зориулах	마음을 다하다	A2 - 6과
Зүүн өмнөд Ази	동남아시아	A2 - 12과
зэрэгцэн амьдрах	이웃하여 살다	A2 - 10과
идэвхтэй	활발하게, 적극적으로	A2 - 2과
идэвхтэй амьдрах	적극적으로 살다	A2 - 5과
ижил төстэй	유사하다, 비슷하다	A2 - 2과
илтгэл тавих	논문을 발표하다	A2 - 9과
интернет орчин	인터넷 환경	A2 - 9과
интернетээр захиалах	인터넷으로 주문하다	A2 - 8과
интернэт	인터넷	A2 - 9과
интернэт сүлжээ	인터넷망	A2 - 9과
интернэт хэрэглээ	인터넷 사용	A2 - 9과
интернэтээс хайх	인터넷에서 검색하다	A2 - 9과
исгэх	발효시키다	A2 - 10과
итгэх	믿다, 신뢰하다	A2 - 4과
ичимхий бүрэг	매우 수줍어하다	A2 - 3과
кибер орчин	사이버 환경	A2 - 9과
кибер халдлага	사이버 공격	A2 - 9과

단어	뜻	비고
кино урлаг	영화 예술	A2 - 8과
кредит	학점	A2 - 5과
лаазалсан, нөөшөлсөн бүтээгдэхүүн	통조림	A2 - 7과
магадгүй	혹시, 만약, -ㄹ지 모른다	A2 - 2과
магадлалтай байх	확률이 높다, 가능성이 높다	A2 - 11과
магистр	석사과정	A2 - 5과
магистрантур	석사과정	A2 - 5과
мал сүрэг хорогдох	가축이 감소하다	A2 - 11과
малын гаралтай	가축성	A2 - 7과
манлайлагч	리더, 인솔자, 반장	A2 - 3과
маргах	논쟁하다, 말다툼하다	A2 - 7과
маск зүүх	마스크를 쓰다	A2 - 11과
махан бүтээгдэхүүн	육류	A2 - 7과
мод тарих	나무를 심다	A2 - 11과
мод тарих аян	나무 심기 켐페인	A2 - 11과
монголын өмнөд говь	몽골 남고비	A2 - 11과
морин хуур	마두금, 몽골 전통 현악기	A2 - 2과
мөнгө төгрөг хураах	돈을 벌다	A2 - 6과
мөрөөдөл биелүүлэн	소원성취	A2 - 5과
мундаг	대단하다, 뛰어나다	A2 - 1과
муу дадал зуршилд уруу татах	나쁜 습관에 빠지도록 유혹하다	A2 - 9과
муу нөлөө	나쁜 영향	A2 - 9과
мэдлэг чадвар	지적 능력	A2 - 4과
мэдлэг чадвараа хуваалцах	재능을 기부하다	A2 - 2과
мэдээлэл олж авах	정보를 얻다	A2 - 9과
мэдээлэл солилцох	정보를 교환하다	A2 - 9과
мэдээлэл хайх	정보를 검색하다	A2 - 9과
мэргэжил эзэмших	전문적 기술을 습득하다	A2 - 3과
мэргэжилтэн	전문가	A2 - 5과

단어	뜻	비고
мэргэжлийн үнэмлэх	자격증	A2 - 2과
найдвартай	믿을 수 있는 신뢰할 수 있는	A2 - 7과
найзын хүсэлт	친구 추가	A2 - 9과
намхан туранхай	키가 작고 마른	A2 - 4과
наранд борлох	햇볕에 타다	A2 - 4과
нас биеэнд хүрэх	성인이 되다	A2 - 5과
насанд хүрэгчид	성인들	A2 - 2과
нийгмийн сүлжээ	사회 망	A2 - 4과
нийгмийн харилцаа	사회적 관계	A2 - 3과
нийтэч	사교적인, 붙임성 있는	A2 - 3과
ногоо тарих	채소를 재배하다	A2 - 7과
ногоон хоол	채식	A2 - 7과
ноцтой асуудал	심각한 문제	A2 - 11과
нөлөө үзүүлэх	영향을 미치다	A2 - 8과
нөлөөлөх	영향을 미치다	A2 - 4과
нөөц баялаг	자원	A2 - 12과
нөхцөл байдал	상황, 상태	A2 - 4과
нөхцөл боломж	기회, 가능성	A2 - 6과
нутгийн хоол	토속 음식, 향토 음식	A2 - 7과
нуурын эрэг	호숫가	A2 - 1과
нууц	비밀	A2 - 10과
нүүдлийн мал аж ахуй	이동 유목	A2 - 7과
нүүдлийн соёл	유목 문화	A2 - 8과
нүүр будалт	얼굴 화장	A2 - 4과
нүүрс түлэх	석탄을 때다	A2 - 11과
нүүрэмгий	뻔뻔한, 뻔뻔스러운, 후안무치의	A2 - 3과
нэг бүр оролцох	일일이 참여하다	A2 - 5과
нэгтгэн харах	종합적으로 살펴보다	A2 - 2과
нээн гаргах	발견하다, 눈을 뜨다, 새롭게 열다	A2 - 3과

단어	뜻	비고
нягт	세밀한, 빽빽한, 꼼꼼한, 세심한	A2 - 3과
нягт холбоотой	밀접한 관련이 있는	A2 - 7과
нямбай	꼼꼼한	A2 - 3과
огцом өөрчлөлт	급격한 변화	A2 - 6과
огцом өсөх	급증하다	A2 - 9과
оёулах	꿰매게 하다	A2 - 1과
оёх	꿰매다, 바느질하다	A2 - 1과
ойн хэмжээ багасах	산림면적이 감소되다	A2 - 11과
ойр дотны хүмүүс	친밀한 사람들, 가까운 사람들	A2 - 3과
олон ангит цуврал кино	장편 드라마	A2 - 8과
олон нийтийн сүлжээ	대중 매체	A2 - 1과
омогтой огцом ууртай	교만하고 화를 잘 내는	A2 - 3과
онгон байгаль	원시 자연	A2 - 12과
онгоцны буудал дээр тосох	공항 픽업, 공항 마중	A2 - 4과
оновчтой тодорхойлох	분명히 하다, 드러내다, 구체적으로 밝히다	A2 - 3과
онцлог	특성, 특징	A2 - 3과
ордны хоол	궁중 음식	A2 - 12과
орлого	수입	A2 - 6과
орой үдшийн цаг	저녁 시간	A2 - 2과
орчин нөхцөл	환경 조건	A2 - 10과
орчин үеийн хүмүүс	현대인	A2 - 2과
оюун ухаан	지혜	A2 - 6과
өвөрмөц соёл уламжлал	독특한 문화 전통	A2 - 8과
өвчин эмгэг	질병	A2 - 10과
өгөх	주다	A2 - 1과
өгүүлэх	주게 하다	A2 - 1과
өдөр тутам	일상	A2 - 1과
өдрийн тэмдэглэл	일기	A2 - 1과
өнгө үзэмж	색채	A2 - 4과

단어	뜻	비고
өнгөлөг толигор болох	매끈한 피부가 되다	A2 - 10과
өнгөрөөх	지내다	A2 - 1과
өнгөрөх	지나가다	A2 - 1과
өнгөрүүлэх	지나가게 하다	A2 - 1과
өнгөц хийсвэр	경박한, 가벼운	A2 - 3과
өндөр нуруутай	키가 큰, 장신의	A2 - 4과
өндөр, махлаг биетэй	장신의 통통한 체격	A2 - 4과
өөр хоорондоо	서로 간의, 상호	A2 - 2과
өөрийгөө дайчлах	힘을 발휘하다	A2 - 5과
өөрийгөө хөгжүүлэх	자기계발	A2 - 2과
өөрийгөө цэнэглэх	자신을 충전하다	A2 - 6과
өөрийн хувь нэмрээ оруулах	기여하다, 공헌하다	A2 - 8과
өөрөө өөрийгөө авч явах	자율적으로 행동하다	A2 - 5과
өөртөө зарцуулах	자신에게 쏟다, 자신에게 시간을 내다	A2 - 6과
өөртөө итгэлтэй байх	자신감을 갖다, 자존감을 갖다	A2 - 4과
өөртөө тохирсон	자신에 맞는	A2 - 10과
өөрчлөгдөшгүй	변하지 않는	A2 - 12과
өөрчлөлт гарах	변하다, 변화하다, 변모하다	A2 - 4과
өөх тос	비계	A2 - 10과
өөхтэй мах	비계가 붙은 고기	A2 - 7과
өргөжих	확대되다	A2 - 11과
өрөвчхөн эмзэг уян сэтгэлтэй	동정심이 많은	A2 - 3과
өрсөлдөх чадвар	경쟁력	A2 - 6과
реферат	레포트, 보고서	A2 - 5과
садар самууныг сурталчилсан мэдээлэл	음란 홍보물 정보	A2 - 9과
сайжруулсан нүүрс	개선된 석탄	A2 - 11과
сайн дурынхан	자원봉사자	A2 - 11과
салан задгай	소홀하다, 해이하다	A2 - 5과
салбар	분야	A2 - 12과

단어	뜻	비고
салхинд гарах	산책하다	A2 - 10과
самгардах	긴장하다, 안절부절 못하다	A2 - 5과
санаа төрөх	생각이 들다	A2 - 9과
санаачилгатай	창의적인	A2 - 3과
санал нийлэх	의견을 모으다, 의견을 취합하다	A2 - 6과
сануулах	주의를 주다, 경고하다	A2 - 6과
санхүүгийн бие даасан чадвартай байх	재정자립도	A2 - 8과
санхүүгийн чадамж	재정 능력	A2 - 6과
санхүүгийн эрх чөлөө	재정적 자유	A2 - 8과
санхүүгийн эх үүсвэр	재원	A2 - 8과
сатаарах	넋을 잃다, 정신이 팔리다	A2 - 5과
соёл урлагын салбар	문화예술 분야	A2 - 4과
соёлоо сурталчилах	문화를 홍보하다	A2 - 12과
соёлтой танилцах боломж	문화와 접할 기회	A2 - 8과
соёлын өв	문화 유산	A2 - 12과
Солонгосын соёлын урсгал	한류, 한국의 문화적 영향	A2 - 8과
Солонгосын хойг	한반도	A2 - 11과
сонголт ихтэй	선택의 폭이 넓다	A2 - 8과
сонгон шалгаруулах	선발하다	A2 - 3과
сонин хачин	재미있는 사건	A2 - 1과
сонирхон судлах	탐구하다	A2 - 8과
сониуч	호기심이 많은	A2 - 3과
сөрөг тал	부정적 측면	A2 - 9과
сөрөг үр дагавар	부작용	A2 - 9과
стресстэй	스트레스를 받다	A2 - 10과
судалгаа	조사	A2 - 9과
судалгааны ажил	연구 업무, 조사	A2 - 12과
сургалтын төлбөр	등록금	A2 - 5과
сурталчилгаа	홍보	A2 - 12과

단어	뜻	비고
суугаа ажил хийх	앉아서 일을 하다	A2 - 10과
суулгах	설치하다	A2 - 1과
суурин иргэншил давамгайлах	정착문화에 익숙해지다	A2 - 8과
сүүлийн үед	최근에	A2 - 4과
сэргэлэн	슬기로운, 현명한, 재치가 뛰어난	A2 - 4과
сэргэлэн цовоо	재치 있는, 뛰어난, 총명한, 명랑한	A2 - 3과
сэрүүн чанарын хоол	차가운 성질의 음식	A2 - 7과
сэрэх	깨다	A2 - 1과
сэрээх	깨우다	A2 - 1과
сэтгэгдэл	소감, 감상	A2 - 1과
сэтгэл догдлох	감동하다	A2 - 1과
сэтгэл дундуур байх	섭섭하다	A2 - 4과
сэтгэл санаа	정신	A2 - 2과
сэтгэл санааны байдал	심리 상태	A2 - 9과
сэтгэл ханамжтай байх	만족하다	A2 - 4과
сэтгэцийн эмгэг	정신 질환	A2 - 9과
таарч тохирох	적합하다	A2 - 3과
таатай орчин	쾌적한 환경, 적절한 환경	A2 - 5과
тайлагдах	알게 되다	A2 - 5과
тас хар	완전히 새까만, 아주 검은	A2 - 4과
татах	다운로드하다	A2 - 1과
татах	당기다	A2 - 7과
татгалзах	거절하다, 거부하다	A2 - 6과
тогтмол	정기적	A2 - 10과
тодорхойлох	밝히다, 규명하다, 명백히 하다	A2 - 3과
тойром бүрд	오아시스	A2 - 2과
толгойны өвчин	두통	A2 - 11과
том алаг нүдтэй	크고 시원한 눈	A2 - 4과
тоосонцор	미세먼지	A2 - 11과

단어	뜻	비고
тохиромжтой	적합하다, 적당하다	A2 - 1과
тохирох	조절하다, 조정하다	A2 - 3과
тохируулан хэрэглэх	조절하여 사용하다	A2 - 7과
тохируулах	조절하다	A2 - 4과
төвөггүй	어렵지 않게, 쉽게	A2 - 2과
төвөггүй	어렵지 않은, 쉬운	A2 - 7과
төгс төгөлдөр	완전한, 완벽한	A2 - 6과
төгсөх	졸업하다	A2 - 5과
төлөвлөгөө зохиох	계획을 세우다	A2 - 6과
төсөөлөх	예상하다, 상상하다	A2 - 5과
төсөөлөх	상상하다, 예상하다	A2 - 7과
тулгамдсан асуудал	당면 문제, 직면한 문제	A2 - 9과
туршлагаас суралцах	경험을 공유하다	A2 - 12과
туслах багш	조교	A2 - 5과
тууштай	끈기가 있는	A2 - 3과
түлхүү хэрэглэх	주로 사용하다	A2 - 7과
түргэн шуурхай	신속히	A2 - 9과
түүртэх	여력이 없다, 여유가 없다.	A2 - 8과
түүхий нүүрс	석탄 원료	A2 - 11과
тэвчээргүй	인내심이 약한	A2 - 3과
тэмдэглэх	표시하다, 강조하다	A2 - 8과
тэмүүлэх	추구하다	A2 - 6과
тэмцэх	도전하다	A2 - 5과
тэнцвэр	균형	A2 - 6과
тэнцвэргүй байдал	불균형	A2 - 6과
тэсвэртэй	참을성이 많은, 인내심이 많은	A2 - 3과
тэсрэлт	폭발	A2 - 8과
тэтгэлэг	장학금	A2 - 5과
угаасаа	원래, 애초부터	A2 - 2과

단어	뜻	비고
уйгагүй	꾸준히	A2 - 1과
уламжлалт нүүдэлчдийн түүх соёл	전통 유목민의 역사 문화	A2 - 12과
улс үндэстэн	민족	A2 - 7과
унтах	자다	A2 - 1과
унтуулах	재우다	A2 - 1과
ур ухаанаа сорих	솜씨를 테스트하다	A2 - 5과
ур чадвар	재기, 재능, 솜씨, 기술, 능력	A2 - 3과
уралдаант шалгаруулт	선발 대회	A2 - 2과
урам зориг	보람, 만족감	A2 - 2과
урамшуулал олгох	혜택을 주다	A2 - 11과
уран сайхны кино	예술영화	A2 - 8과
уриалах	호소하다	A2 - 11과
уриалгахан	친절한 , 상냥한	A2 - 3과
урсгалаараа амьдрах	똑같은 일상, 천편일률적인 일상	A2 - 3과
урт удаан амьдрах	장수하다, 오래 살다	A2 - 10과
урьдчилан сэргийлэх	예방하다	A2 - 7과
утаа	연기, 매연	A2 - 11과
уужуу тайван	평온한	A2 - 10과
уур амьсгалын дүрвэгч	기후 피난민	A2 - 11과
ууртай	화를 잘 내는	A2 - 3과
ухаалаг гар утас	스마트폰	A2 - 1과
учрал тохиолдол	조우, 만남, 인연	A2 - 1과
уялдаа холбоо	연관성	A2 - 1과
уялдуулах	연관시키다	A2 - 6과
үзүүлэн маягын хэв загвар	견본, 모형	A2 - 4과
үзүүлэх	보여주다	A2 - 1과
үзэл бодлоо хуваалцах	의견을 교환하다	A2 - 9과
үзэл бодол	사고, 사상	A2 - 3과
үзэх	보다	A2 - 1과

단어	뜻	비고
үйл ажиллагаа	업무, 행사, 활동	A2 - 11과
үндэс	기초, 근본, 토대	A2 - 7과
үндэсний хөгжим	민속 악기	A2 - 2과
үндэсний хувцас	전통 의상	A2 - 5과
үндэсний хувцсаараа гангарах	전통의상을 뽐내다	A2 - 8과
үнэлэлт	평가, 판단	A2 - 1과
үнэт зүйл	가치	A2 - 6과
үр бүтээлтэй	효과적으로, 효율적으로	A2 - 2과
үр бүтээмж нэмэгдэх	성과가 늘다	A2 - 5과
үр бүтээмжтэй	효율적인, 생산적인	A2 - 6과
үр шим	결실, 효과, 효율, 효능	A2 - 3과
үржил шимгүй болох	번식력이 떨어지다, 번식력이 쇠락하다	A2 - 11과
үүрэг хариуцлага	책임, 책무, 의무	A2 - 6과
фэйсбүк групп нээх	페이스북 그룹 개설하다	A2 - 11과
фэйсбүкийн хаяг	페이스북 주소	A2 - 9과
хааны ордон музей	칸 궁전 박물관	A2 - 12과
хавдар	종양, 암	A2 - 7과
хайрах	가열하다, 데우다	A2 - 7과
халуурах	열이 나다	A2 - 10과
хамааралтай болох	관련되다	A2 - 9과
хамтлаг дуучид	합창단	A2 - 8과
хангалуун амьдрах	충분히 살다. 만족하게 살다	A2 - 6과
хандлага	태도, 자세	A2 - 1과
хандлагад өөрчлөлт орох	경향이 바뀌다	A2 - 4과
ханиад хүрэх	감기 걸리다	A2 - 10과
хараа хяналт	관리, 감독	A2 - 5과
хараат болох	종속되다, 예속되다	A2 - 9과
хараат бус	예속되지 않은	A2 - 8과
харгалзан үзэх	고려하다	A2 - 7과

단어	뜻	비고
харилцан адилгүй	서로 다른	A2 - 7과
хариуцлагатай	책임감 있는	A2 - 5과
хармааны мөнгө	용돈	A2 - 8과
харьцангуй	상대적으로, 비교적	A2 - 7과
хийлгүүлэх	만들게 시키다	A2 - 1과
хийлгэх	만들게 하다	A2 - 1과
хийх	만들다	A2 - 1과
хил хязгааргүй	국경을 초월한	A2 - 9과
хичээл сонгох	수강 신청	A2 - 5과
хичээл сонсох	수업을 듣다	A2 - 5과
хичээлийн улирал, семестр	학기	A2 - 5과
хичээлээс гадуур	비교과, 수업 외의	A2 - 5과
хобби	취미	A2 - 2과
хобби сонирхол	취미, 좋아하는 것	A2 - 2과
хобби сонирхолоо хөгжүүлэх	취미를 가지다, 취미를 키우다	A2 - 2과
хог хаягдал	폐기물, 쓰레기	A2 - 11과
хог хаягдал боловсруулах	폐기물 가공	A2 - 11과
хойш тавих	뒤로 미루다	A2 - 6과
хойшлуулах	연기하다	A2 - 5과
хол хөндий харьцаа	거리가 멀다	A2 - 2과
хонох	묵다	A2 - 1과
хоол амтлах	음식 간을 맞추다, 양념하다	A2 - 7과
хоол боловсруулах	음식을 조리하다	A2 - 7과
хоол ундны соёл	식음료 문화	A2 - 7과
хоол хүнс	식품	A2 - 10과
хоол хүнсний хэрэглээ	식료품 소비	A2 - 7과
хоолны дэглэм барих	식이요법을 따르다	A2 - 10과
хоолоо хасаж сойх	음식을 줄이다, 소식하다	A2 - 10과
хор нөлөө	악영향	A2 - 10과

단어	뜻	비고
хор уршиг	해악	A2 - 9과
хориглох	금하다	A2 - 11과
хөгжил	발전	A2 - 12과
хөгжилтөй	쾌활한, 명랑한	A2 - 3과
хөгжилтэй, хошин зантай	쾌활한, 명랑한	A2 - 4과
хөгжмийн ертөнц	음악의 세계	A2 - 8과
хөгжөөн дэмжигчид	지지자들, 팬들	A2 - 8과
хөдлөх	출발하다, 떠나다	A2 - 1과
хөнгөвчлөх	덜어주다, 경감하다	A2 - 9과
хөнгөлөлт олгох	경감해주다	A2 - 11과
хөнгөн гимнастик	가벼운 체조	A2 - 10과
хөрөнгө оруулалт	투자	A2 - 4과
хөрөнгө оруулалт хийх	투자하다	A2 - 8과
хөрөнгө оруулах	투자를 하다	A2 - 2과
хөх тарианы гурил	호밀	A2 - 7과
хөц будаа	메밀	A2 - 7과
хувийн мэдээлэл	개인 정보	A2 - 4과
хувцаслалт	옷차림	A2 - 4과
хувцасны стиль	옷 스타일	A2 - 4과
хувь нэмэр	기여, 공헌	A2 - 12과
хувь нэмэр оруулах	기여하다	A2 - 12과
хувь хүн	개인	A2 - 4과
хувь хүний сонголт	개인의 선택	A2 - 4과
хувь хүний хариуцлага	개인의 책임	A2 - 5과
худалдааны арга барил	판매 방안	A2 - 4과
худалдааны боомт хот	상업 중심도시	A2 - 12과
худалдааны гудамж	상가 골목	A2 - 12과
хумигдмал	제한적이다	A2 - 9과
хуримтлалтай болох	저축하다	A2 - 6과

단어	뜻	비고
хүдэр бор царайтай	강렬한 갈색 얼굴	A2 - 4과
хүлээн авах	받아들이다	A2 - 9과
хүлээн зөвшөөрөгдөх	수용되다	A2 - 8과
хүлээтэй	묶인, 묶여 있는	A2 - 9과
хүлээцтэй	참을성이 많은, 인내심이 많은	A2 - 3과
хүндрэл бэрхшээл	어려움, 난관	A2 - 7과
хүндэтгэж харьцах	존대하다, 대우하다, 예우하다	A2 - 3과
хүндэтгэх	존대하다, 존경하다, 대우하다, 예우하다	A2 - 3과
хүний нөөцийг хөгжүүлэх	인적 자원을 개발하다	A2 - 12과
хүнсний ногоо	야채, 채소	A2 - 10과
хүнсний үйлдвэрлэл	식품산업	A2 - 7과
хүргэлтийн мөнгө	배달료	A2 - 8과
хүрээлэн буй байгаль орчин	주변 환경	A2 - 11과
хүсэл эрмэлзэл	소원, 희망	A2 - 5과
хүүхэд залуучууд	젊은이들, 청년들	A2 - 4과
хүч үзэх	힘을 겨루다	A2 - 4과
хүчирхийлэл	폭력	A2 - 9과
хэвшил	습관	A2 - 6과
хэд хоногийн өмнө	며칠 전에	A2 - 2과
хэмжүүр болгох	기준으로 삼다	A2 - 4과
хэрүүлч зодоонч	말싸움을 좋아하는	A2 - 3과
хэрэглэгч	소비자	A2 - 4과
хэрэглэгчдэд чиглэх	소비자에 방향을 맞추다, 소비자에 초점을 맞추다	A2 - 4과
хэрэгцээг хангах	수요를 충족하다	A2 - 8과
хэт анхаарал хандуулах	지나친 관심	A2 - 4과
хэт даган дууриах	지나치게 따라하다, 지나치게 모방하다	A2 - 4과
хэт донтох өвчлөл	중독	A2 - 9과
хэт их урсгал	과도한 유입	A2 - 9과
хэт удаан	지나치게 느린	A2 - 9과

단어	뜻	비고
хямд өртөг зардал	지출 원가가 저렴한	A2 - 12과
хямд төсөр	저가, 값싼	A2 - 4과
цаг гаргах	시간을 내다, 짬을 내다	A2 - 6과
цаг төлөвлөх	시간을 설정하다	A2 - 5과
цаг тухай бүрт	시간마다	A2 - 9과
цаг уурын нөхцөл байдал	기후 조건	A2 - 10과
цаг хугацаатай уралдах	시간 제한이 있는 경주	A2 - 5과
цаг хэмнэх	시간을 아끼다, 시간을 절약하다	A2 - 9과
цагаа дэмий үрэх	시간을 헛되이 소비하다, 시간을 헛되이 낭비하다	A2 - 6과
цагаа зарцуулах	시간을 투자하다, 시간을 소비하다	A2 - 2과
цагаан идээ	유제품	A2 - 7과
цагаан хоол	비건 음식	A2 - 7과
цагийг нь тулгах	시간과 싸우다	A2 - 5과
цалин хангамж	월급, 급여	A2 - 6과
цалин хөлс	월급, 급여	A2 - 6과
царайлаг	잘 생긴, 예쁜	A2 - 4과
цахилгаан автомашин	전기차	A2 - 11과
цовоо сэргэлэн	활달한, 명랑한	A2 - 3과
цөлжилт	사막화	A2 - 11과
цөлжилтөд өртөх	사막화가 진행되다	A2 - 11과
цөлжилттэй тэмцэх	사막화에 맞서다	A2 - 11과
цуглуулах	모으다	A2 - 9과
цэнэг авах	충전되다	A2 - 2과
цээж бачуурах	가슴이 갑갑해지다	A2 - 10과
чадвар	능력, 역량	A2 - 6과
чамин дэгжин	우아한, 단아한	A2 - 8과
чамин тансаг	우아한 단아한	A2 - 8과
чамирхах	과시하다	A2 - 4과
чанартай	품질 좋은	A2 - 7과

단어	뜻	비고
чиг хандлага	방향	A2 - 1과
чимхэх	꼬집다, 죄다	A2 - 7과
чихрийн шижин	당뇨	A2 - 7과
чухал асуудал	중요한 문제	A2 - 11과
чухал байр эзлэх	중요한 위치를 차지하다	A2 - 7과
чухалчилах	강조하다	A2 - 4과
шаардах	요구하다	A2 - 2과
шаардлага тулгарах	요청하다	A2 - 12과
шалгалт өгөх	시험보다	A2 - 5과
шалгалтанд бүдрэх	시험에 떨어지다	A2 - 5과
шалгуур	기준, 요구	A2 - 2과
шалтаг	핑계	A2 - 2과
шалтгаан	원인, 이유	A2 - 4과
шамдан сурч	열심히 배우다	A2 - 8과
шар шороон шуурга	황사	A2 - 11과
шарах	굽다	A2 - 7과
шарсан тахиа	치킨	A2 - 7과
шахалт	압박	A2 - 5과
шийдэмгий	단호한, 결단성이 있는	A2 - 3과
шилдэг ажилтан	우수 근로자, 우수한 일꾼, 뛰어난 사무원(직원)	A2 - 3과
шим тэжээл	영양분	A2 - 10과
шингээн авах	흡수하다, 젖어들다	A2 - 8과
шинэ зүйлд дасахдаа удаан	새로운 것에 적응이 느린	A2 - 3과
шинэ зүйлийг хурдан хүлээн авдаг	새로운 것에 적응이 빠른,	A2 - 3과
шинэ нөхцөлд түргэн дасдаг	새로운 상황에 적응이 빠른	A2 - 3과
шинэ танил	새로 알게 된 사람	A2 - 2과
шороон шуурга	먼지 바람, 흙바람	A2 - 11과
шохоорхолдоо хөтлөгдөх	깊이 빠지다, 지나치게 호기심을 갖다	A2 - 9과
шохоорхох	깊이 빠지다	A2 - 9과

단어	뜻	비고
шуурхай	신속히	A2 - 9과
шүүлтүүргүй мэдээлэл	필터링 없는 정보	A2 - 9과
эдийн засаг	경제	A2 - 12과
эерэгээр хандах	긍정적으로 대하다	A2 - 10과
эзгүй цөл	사막	A2 - 2과
эзэмших	점유하다, 차지하다	A2 - 7과
экологийн байдал	생태계 현황	A2 - 12과
экологийн тэнцвэрт байдал	생태계 균형	A2 - 12과
элсний нүүдэл	모레의 이동	A2 - 11과
элсэлтийн шалгалт	입학시험	A2 - 5과
эмзэг сул	예민한, 다치기 쉬운, 연약한	A2 - 7과
эмх цэгцтэй	일사불란하다	A2 - 5과
энгийн даруухан	겸손한	A2 - 8과
эргэцүүлэн тунгаагаах	심사숙고하다	A2 - 5과
эрмэлзэх	노력하다	A2 - 2과
эрс багсах	급격히 줄어들다, 급격히 감소하다	A2 - 4과
эрс буурах	급격히 감소하다	A2 - 9과
эрсдэлийг багасгах	위기를 감소시키다	A2 - 7과
эрүүл амьдрал	건강한 삶	A2 - 6과
эрүүл амьдралын хэвшил	건강한 습관	A2 - 4과
эрүүл мэнд	건강	A2 - 6과
эрүүл саруул	건강한	A2 - 10과
эрүүл хоол хүнс	건강한 식단	A2 - 10과
эрүүл хооллолт	건강한 식생활	A2 - 7과
эрүүл хүнс	건강한 식품	A2 - 10과
эрүүл чийрэг	건강한	A2 - 10과
эрүүлийг хамгаалах байгууллага	보건기관	A2 - 10과
эрх чөлөө	자유	A2 - 5과
эрх чөлөөтэй	자유롭다	A2 - 5과

단어	뜻	비고
эрхэлж буй аж ахуй	종사하고 있는 업종	A2 - 7과
эрхэм нандин	숭고한, 순결한	A2 - 6과
эрхэмлэх	존대하다, 예우하다, 숭배하다, 숭상하다, 존숭하다	A2 - 6과
эрч хүч	에너지, 활력소	A2 - 2과
эрч хүч авах	활력을 느끼다	A2 - 2과
эрч хүчтэй	활달하다, 명랑하다	A2 - 2과
эрчимтэй явагдах	활발하게 추진되다, 활발하게 진행되다	A2 - 11과
эрэлч хайгуулч	탐구적인	A2 - 5과
эсрэг хүйсний хүн	이성	A2 - 4과
эсрэгээрээ	반대로	A2 - 9과
эхлэлтэй	~로 비롯한	A2 - 8과
эцэг эхээс заяах	부모로부터 물려받다	A2 - 4과
юманд ул суурьтай ханддаг	어떤 일이던 심도있게 대하다	A2 - 3과
явах	가다	A2 - 1과
явуулах	보내다	A2 - 1과
ядаргаанд орох	지치다, 피곤하다	A2 - 5과
яс махандаа ойлгох	깨닫다	A2 - 5과

정답

✔ 제1과

쓰기 연습

1.

(1) 다음 내용을 한국어로 번역하세요.

일기는 '아침에 8시에 일어났다. 9시에 출근했다. 1시에 잤다.' 등으로 시간적으로 나열해서 쓸 필요가 없다. 제일 중요한 것은 내가 했던 결정과 실수, 그리고 달라진 것 등을 기록하여 그에 대하여 스스로 평가하여 배워 나가는 것이 중요하다.

(2) 다음 내용을 몽골어로 번역하세요.

Өдрийн тэмдэглэл гэдэг нь хувь хүний өдөр тутмын амьдралд тохиолддог үйл явдал, бодол санаа, сэтгэлийн хөдлөл зэрэг бүхий л зүйлээ өдөр өдрөөр тэмдэглэдэг албан ёсны бус, хувийн тэмдэглэл юм. Өдрийн тэмдэглэл нь тухайн өдрийн тэмдэглэлийн бичиж байгаа хүн нь зохиогч нь болохын зэрэгцээ цорын ганц уншигч нь болдгоороо онцлогтой. Тиймээс ямар нэгэн зүйл бичнэ гэхээсээ илүүтэйгээр өөрийн хувийн нууц, дотоод сэтгэлээ илэн далангүй бичиж тэмдэглэдэг.

단원 평가

1. (1) ③ (2) ②
2. ④
3. ③

✔ 제2과

쓰기 연습

1.

(1) 다음 내용을 한국어로 번역하세요.

사람들의 취미를 연령별로 살펴보면 10대들, 즉 중고등학교 학생들은 '음악 듣는 것을 가장 좋아한다'고 하였다. 그러나 20대 학생과 젊은이들은 가급적 자기계발하는 면에 적지 않는 시간을 투자한다. 그들은 취업하고 싶은 일자리와 전공을 위하여 자기계발을 하고 견문을 쌓는 데에 집중한다. 즉, 자신의 미래와 목표를 위하여 투자한고 볼 수 있다.

(2) 다음 내용을 몽골어로 번역하세요.

Таны хобби сонирхол юу вэ? Арай хобби сонирхолгүй байх нь бусдаас онцгой өрсөлдөх чадвар гэж бодож байгаа юм биш биз дээ? Хобби сонирхол нь амрах, унтах, идэх гэдэг зүйл байх ёсгүй. Одоо хобби сонирхол байхгүй бол олон төрлийн зүйл хийж үзэн өөртөө тохирсон хобби сонирхлоо хөгжүүлэхийг зөвлөе. Хобби сонирхол гэдэг нь бас нэгэн ажил биш ажил амьдралын дундаас эрч хүч өгөхийн зэрэгцээ сэтгэл санаа, бие махбодын хувьд эрүүл саруул байх энергийн эх үүсвэр болж байдаг.

단원 평가

1. (1) ④ (2) ③
2. (1) ④ (2) ④

✔ 제3과

쓰기 연습

1.

(1) 다음 내용을 한국어로 번역하세요.

타인의 말을 참을성 있게 경청하는 자세는 가장 중요한 덕목의 하나라고 말할 수 있다. 인내심을 가지고 자신에게 필요한 비평을 말한 타인의 말을 심사숙고하여 자신에게 필요한 것은 취하고 버릴 것은 버림으로 자신의 삶에 교훈으로 삼는 것이 가장 현명한 자세라 할 수 있다. "좋은 말은 비록 엄격해도 삶에 도움이 된다"는 격언이 있다. 타인의 비평에 지나치게 화를 내거나 낙담하는 것은 자신에게 부정적인 영향을 미친다. 어느 한사람이 말한 비평을 반드시 부정적인 측면으로만 바라보고 불평하며 앉아 있기보다는 선의로 받아들이고 자신의 내면을 성찰하면 다른 축면에서의 잘못된 행위를 고치는데 있어 도움이 될 수 있다.

(2) 다음 내용을 몽골어로 번역하세요.

Цусны бүлгээс хамааран хүний зан чанар нь өөр өөр байдаг гэнэ. Жишээлбэл, А төрлийн цусны бүлэгтэй бол хариуцлагатай, хүнд хүчир ажлыг сайн тэсвэрлэдэг. Гэхдээ үйл хөдлөл хийхээсээ өмнө төлөвлөгөөгөө сайн зохиож удаан боддог. А төрлийн цусны бүлэгтэй хүн бүрэг, дотогшоо зан чанартай байх тохиолдол их байдаг. Тиймээс дургүй байсан ч гэсэн дургүй байна гэж шууд хэлж чадахгүй үе их байдаг. Бусад хүмүүсээс болж стресст их ордог.

단원 평가

1. (1) ①, ②, ⑤ (2) ②, ④

✔ 제4과

쓰기 연습

1.

(1) 다음 내용을 한국어로 번역하세요.

최근 한국에서 출산율이 급격히 감소하면서 가족 구조에도 변화가 나타나고 있다. 오늘날 새로운 형태의 가족은 대부분 1-2명의 자녀를 낳으면서 이전 상황과 비교해 볼 때 상대적으로 감소하였음을 모든 사람들이 인지하고 있다. 그러한 점에서 자녀들을 위한 투자도 늘어나고 이는 근본적으로 그들의 외형, 색채, 옷차림 등에 보다 큰 관심을 갖게 하는 기회를 제공하고 있다고 말할 수 있다.

(2) 다음 내용을 몽골어로 번역하세요.

Улам бүр хөгжин дэвшиж буй бэлэн хувцас, гоо сайхны бараа бүтээгдэхүүний үйлдвэрлэл нь гоё, чанартай олон төрлийн бараа бүтээгдэхүүнийг үйлдвэрлэн гаргаж байна. Ялангуяа, үнийн хувьд ч хямд төсөр бараа бүтээгдэхүүн болох хувцас, гоо сайхны бүтээгдэхүүнийг өсвөр насны хүүхэд залуучууд өөрийнхөө онцлогт тааруулан худалдан авч болохоор болов. Гоо сайхны бараа бүтээгдэхүүн үйлдвэрлэгч компани, бэлэн хувцасны компаниудын дотор ялангуяа арваад насны хэрэглэгчдийг өөртөө татахын тулд худалдааны арга барилаа чиглүүлж буй компаниуд ч байна. Тэдгээрийн дотор гоо сайхны бүтээгдэхүүн үйлдвэрлэгч хэд хэдэн томоохон компаниуд арваад насны хүүхэд залуучуудыг шууд онилсон бараа бүтээгдэхүүнээ гарган тавьж байна.

단원 평가

1. (1) O (2) X (3) X
2. (1) ②, ③ (2) ① X, ② X, ③ O, ④ X

✔ 제5과

쓰기 연습

1.

(1) 다음 내용을 한국어로 번역하세요.

불필요한 것에 "아니오"라고 말하는 것을 배우세요. 또한 모든 일을 언제나 뒤로 늦추지 마세요. 이를 위해 학창시절에 자신에게 가장 잘 맞는 적절한 환경을 만드세요. 귀하는 어디서나 어떠한 환경에서든지 주의를 집중해 왔습니까? 어떤 환경에 보다 넋을 잃습니까? 라는 것에 심사숙고하세요. 하지만 타인들의 경험과 방법은 당신에게 온전하게 적절하지 않을 수 있습니다. 일부 학생들이 팀을 이루어 함께 일할 때 성과가 증대된다면 일부 학생들의 경우에는 다수의 학생들과 함께함으로써 주의가 산만해지는 경우도 있습니다.

(2) 다음 내용을 몽골어로 번역하세요.

Амжилт дүүрэн оюутны амьдрал гэж юу вэ? Би амжилт гэдгийг 'Өөрийнхөө яг хүсэж байгаа зүйлээ олж авах, түүнийгээ баяр хөөртэйгөөр хийх' гэж тодорхойлохыг хүсэж байна. Тиймээс амжилт дүүрэн оюутны амьдрал гэдэг нь 'Зөвхөн өөрийнхөө хүсэл мөрөөдөл, зорилгыг хайж олон, түүндээ хүрэх замыг тодорхойлж, бий болгох үйл явц' өөрөөр хэлбэл, хүссэн зүйлээ олж, түүнийгээ хийж бүтээх үйл явц гэж бодож байна.

단원 평가

1. ①

2. ②

3. ③

✔ 제6과

쓰기 연습

1.

(1) 다음 내용을 한국어로 번역하세요.

유년 시절에는 모든 것을 완벽하게 하기 위해 갈망하기 쉽다. 하지만 성년의 입장에서는 삶이라는 것은 너무나 난해한 것이 되고 만다. 일을 하며 성과를 내기 위해 노동과 함께 가족 구성원에 관심을 기울여야 하며, 또한 자녀들의 육아를 담당해야만 한다. 이러한 여러 가지 책무로 인해 "완벽한" 이라는 단어는 당신에게서 더욱 멀어질 수 있다. 하지만 이 시기에 당신이 이것을 인정하지 않고 자신을 보다 더 큰 것을 위해 혹사하면 실제로는 "멸망"에 이르는 것은 자명한 일이다.

(2) 다음 내용을 몽골어로 번역하세요.

Ажилд орох ч хэцүү энэ үед ажилд орсны дараа ч амьдрахад амархан биш байдаг. Ийм хүмүүст зориулж гарсан үг бол "Worlibal". Ямар утгаар, хэрхэн бий болсон юм бол? Worlibal нь 'Work-Life Balance' үгийг хураангуйлсан үг юм. Ажил төрөл чухал ч гэсэн амьдралыг хөгжилтэй өнгөрүүлэх нь ч бас чухал. Маш их ажил хийгээд зөндөө их мөнгө олоод авахыг хүссэн машин, гоё сайхан гэр худалдан авч болно. Түүгээрээ баяр баясгаланг мэдэрч байгаа болж сайн хэрэг хэдий ч хий хоосон утга учиргүй санагдаж байгаа бол сайхан биш л байх. Баян гэээд бүгд аз жаргалтай байдаггүй гэж үг байдаг шүү дээ.

단원 평가

1. (1) ② (2) ②

2. ③

✔ 제7과

쓰기 연습

1.

(1) 다음 내용을 한국어로 번역하세요.

건강한 식습관은 올바른 식재료를 잘 고르고 바른 식습관을 배우는 것에서부터 시작하며 무엇을 먹는지 뿐만 아니라 얼마나 먹는지와 관련이 있다. 식재료를 잘 선택하고 알맞게 섭취함으로서 심혈관질환, 암, 당뇨에 걸리는 위험율을 줄일 수 있을 뿐만 아니라 정신적인 불황도 예방할 수 있다.

(2) 다음 내용을 몽골어로 번역하세요.

Биеийн жингээ хянахад хоол унд 80%, дасгал хөдөлгөөн 20% гэдэг үгийг сонссон байх. Дасгал хөдөлгөөн чухал хэдий ч түүнээс хавьгүй чухал зүйл бол хоол унд юм. Биеийн жингээс гадна эрүүл мэнддээ анхаарахад ч "ямар хоол идэж байна" гэдэг нь хамгийн чухал байдаг. Тийм ч учраас интернэт дээр "энэ ч сайн, тэр ч сайн" гэсэн хоолнууд байнга гарч байдаг. Жил бүр солигдож байдаг хоол ундны төрөл, чиг хандлагаас болон ямар хоол хүнс үнэхээр сайн болохыг мэдэхгүй эргэлзэх үе ч олон гардаг.

단원 평가

1. (1) ③ (2) ④
2. ③

✔ 제8과

쓰기 연습

1.

(1) 다음 내용을 한국어로 번역하세요.

한국의 장편드라마와 K-Pop을 비롯한 한류는 전 세계 청소년들의 폭발적인 관심을 끌고 있으며 그들은 오늘날 한국어 및 한국 문화를 탐구하고 있다. 해마다 수많은 젊은이들이 한국어를 열심히 학습하고, 한국 고대의 풍부한 역사 및 독특한 문화, 전통을 배우고 있다.

(2) 다음 내용을 몽골어로 번역하세요.

K-fashion-ий онцлог бол ганган хээнцэр дизайн, энгийн хүн ч гэсэн өдөр тутам сайхан өмсөж болохуйц бодит байдалд нийцсэн, нийтлэг загвартай байдаг. Мөн бас нэгэн давуу тал нь чанартай нь харьцуулахад хямд төсөр үнэтэй гэж гадаад дотоодод танигдсан явдал юм.

단원 평가

1. (1) ③ (2) ③
2. ③

✔ 제9과

쓰기 연습

1.

(1) 다음 내용을 한국어로 번역하세요.

최근 연구에 따르면 아이들 TV 시청이 급격히 감소한 것에 관한 연구가 발표됐으며 이와는 반대로 인터넷 사용은 급격히 증가하였다. 만약 부모가 인터넷 사용을 자제시키려고 하면 아이들이 불평하며 저항하면서 받아들이기 시작하면 그들의 건강과 사고력은 인터넷과 온라인 환경의 일정 범위 내에 종속되는 표식이라 할 수 있다.

(2) 다음 내용을 몽골어로 번역하세요.

Сүүлийн үед интернэт шиг амар хялбар зүйл үгүй болжээ. Интернэт нь мэдээлэл хайх, сурч боловсрох, бараа худалдан авах, интернэт банк зэрэг маш олон салбарт хэрэглэгдэж байна. Бид бүхэн өдөр бүр интернэтээс хүссэн мэдээллээ олж авах ч юм уу, цахим шуудангиашиглан хурдан шуурхай, амар хялбар байдлаар мэдээ мэдээллээ өгч авалцаж байна. Түүгээр ч барахгүй, хэзээ ч хамаагүй алс хол байгаа найзтайгаа нүүр нүүрээ харалцан ярьж хөөрч болох ба заавал явж очилгүйгээр хэрэгтэй зүйлээ амархан худалдан авч болно.

단원 평가

1. (1) O (2) O (3) X
2. (1) ② (2) ① O, ② X, ③ X, ④ O

✔ 제10과

쓰기 연습

1.

(1) 다음 내용을 한국어로 번역하세요.

우리가 살아가고 있는 사회는 갖은 스트레스와 업무 부담으로 가득 차 있다. “건강한 신체에 건전한 사고가 깃든다” 라는 말이 있다. 여러분은 건강하고 행복하며 장수하기 위해 어떤 습관이 필요하다고 생각합니까? 신선한 식품을 식단에 사용하는 것이 중요하지만 그보다 더 수분을 많이 섭취해야 한다. 그렇게 함으로써 우리 피부는 젊어지며 보다 빛이 나고 매끈한 피부가 될 것이다. 또한 아침 식사를 반드시 섭취하고, 만약 지속적으로 앉아서 일을 하고 매일 차를 운행한다면 운동을 꾸준히 해야 할 필요성이 있다. 그리고 무엇보다 가장 중요한 것은 최소한 6-8시간의 수면을 취하고 휴식 시간을 갖는 것이다.

(2) 다음 내용을 몽골어로 번역하세요.

Эрүүл мэндээ алдвал бүх зүйлээ алдана гэдэг үг байдаг шүү дээ. Бид бүхэн өдөр тутмын амьдралдаа анзаараггүй хийдэг дадал зуршил бидний эрүүл мэндэд ихээхэн нөлөөтэй байдаг. Тиймээс бага ч гэсэн анхаарлаа хандуулж байх нь эрүүл байхад тун их тус болно. Эрүүл саруул байхын тулд өдөр тутмын хэвшлээ болгох зүйл бол дасгал хөдөлгөөн их хийх, хобби сонирхолоороо стрессээ тайлах, хангалттай шингэн юм уух, 8 цагаас илүү хугацаагаар унтам амрах зэргийг дурдаж болно.

단원 평가

1. (1) O (2) X (3) X
2. (1) ③ (2) ① X, ② X, ③ O, ④ X

✔ 제11과

쓰기 연습

1.

(1) 다음 내용을 한국어로 번역하세요.

건조하고 물이 부족한 지역은 사막화가 진행될 가능성이 매우 높다. 하지만 가뭄, 숲의 규모 축소, 목초지의 진흙 증가, 농경지의 비합리적인 개발로 인해 토양의 식물성장 환경이 사라지고 번식력 또한 쇠락하고 있다. 더욱이 최근 몇 년 간 기후변화로 인해 가무이 증가하고 있으며 이로 인해 보다 많은 지역들이 사막화의 위험에 직면하고 있다.

(2) 다음 내용을 몽골어로 번역하세요.

Нүүдэлчин ардыг хог түүдэг хүн болгоход хүргэсэн хүчин зүйл нь монгол орон дэлхийн бөмбөрцгийн дундаас гарын арван хуруунд багтах хэмжээний уур амьсгалын өөрчлөлттэй нүүр тулж байгаатай холбоотой юм. Ялангуяа, өвөл дулааны хэм нэмэгдэж, цас орохоо больж мал сүрэг бөөнөөрөө толгой хорогдох байдал их гарах болсноор малчдыг хүрээлэн буй орчны дүрвэгч болгож буй гол хүчин зүйл болсон байна.

단원 평가

1. (1) O (2) O (3) O

2. (1) ② (2) ① O, ② X, ③ X

✔ 제12과

쓰기 연습

1.

(1) 다음 내용을 한국어로 번역하세요.

우리 나라의 입장에서 관광 분야가 경제에 미치는 기여도는 광산업 및 농축산업 분야에 이어 세 번째로 중요한 분야이다. 따라서 몽골의 관광 분야는 약 6만개의 일자리를 창출하고 있다.

(2) 다음 내용을 몽골어로 번역하세요.

Монгол орны аялал жуулчлалын нөөц баялаг нь цэвэр ариун онгон байгальтай холбоотой байна. Монгол орныг “Хөх тэнгэрийн орон” гэж нэрлэдэг. Тэр хэрээрээ эвдэрч сүйдээгүй онгон байгалийг нь өргөмжлөн нэрлэсэн цол нэр гэж болно. Түүнээс гадна Монголын Эзэнт гүрний түүхтэй холбогдсон түүх соёлын дурсгалт зүйл, Азийн нүүдэлчин ард түмний язгуур дүр төрхийг хадгалан үлдсэн нүүдэлчин үндэстэнтэй холбоотой биет болон биет бус соёл зэрэг аялал жуулчлалын олон олон нөөц баялгийг агуулж байна.

단원 평가

1. ③

2. ①